カラーチャート2800

ジャパンカラー対応色票

全トーン掲載でカラーコーディネイトに最適

視覚デザイン研究所　編

INDEX

この見本帳の使い方

この見本帳はカラーオフセット印刷専用の色票です。オフセット印刷の色は、C（Cyan, シアン）、M（Magenta, マゼンタ）、Y（Yellow, イエロー）、K（blacK, ブラック）の、4色を組み合わせて表現する方法で、絵具や塗料、染料による表色とは全く異なります。

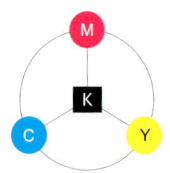

色票の見かた

上段の大きい数字はトーンを表し、初めの数字はK（黒）の％値で、次の数字がＣＭＹの最高％を示しています。下段の数字は、この色票に使われている4色それぞれの％を示しています。右の例では、Kが20％で、Cが0％、Mが80％、Yが80％であることを示しています。

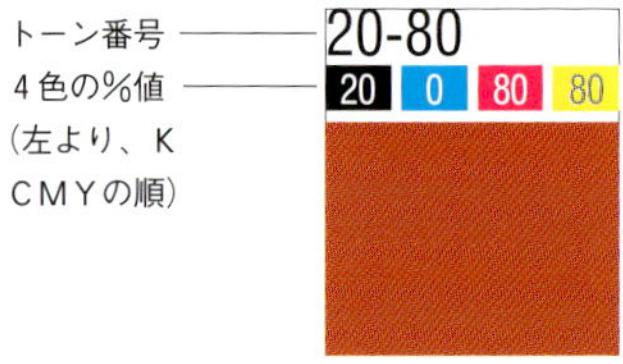

トーン番号
4色の％値
（左より、K
ＣＭＹの順）

印刷色の指定方法

もっとも確実な色指定の方法は、ＣＭＹＫの％値が記された本書の色票を切り取り、指定部分に貼付して印刷担当者に渡すことです。また、ＣＭＹＫの％値をこの色票で確認して、ＣＭＹＫの％値を指定部分に記入して伝えることもできます。

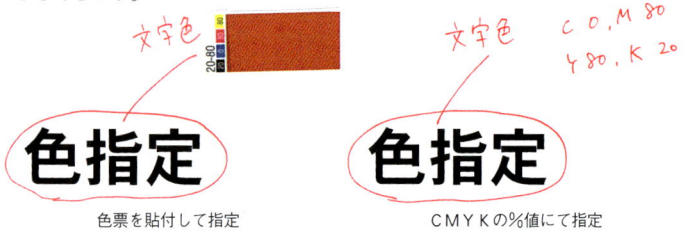

色票を貼付して指定　　　　　ＣＭＹＫの％値にて指定

ジャパンカラーとセットインキについて

カラー印刷物の品質を日本全国で同一に保つため、1964年にＣＭＹＫを用いたジャパンカラーが設定され、数度の改訂を経て、今日まで安定した信頼のおける印刷の基準として広く普及しています。ＣＭＹＫの4色インキの組み合わせをセットインキと呼び、ＣＭＹ3色をジャパンカラーの設定通りの濃度で印刷すると、完全なグレーバランスが表色されます。この設定の濃度から外れると、グレーバランスが崩れ、目指す色調が表現されません。

本書の濃度はジャパンカラー設定値の90％

現在流通している印刷物は、ジャパンカラーの設定濃度（C：1.6 M：1.6 Y：1.4 K：2.0）ではなく、この設定値の90％から75％が一般的なので、本書はジャパンカラーの設定濃度の90％を基準にして印刷しています。

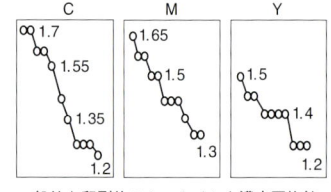

一般的な印刷物のセットインキ濃度平均値

CMYKの限界と対策

CMYKの4色によるカラーオフセット印刷は、大部数・安定性・費用の3点からみると、もっとも合理的な方法ですが、次のような弱点もあり、それを考慮した色の指定が求められます。

常に同じ色を再現するのは難しい
同じ％、または同じ色票で色指定をして印刷しても、以下のような条件によって再現される色は毎回違うといっても過言ではありません。
- 直前に刷られる色（インキ）の影響。
- 紙の種類。アート紙、コート紙に比べて、上質紙などの非コート系の紙は色がかなりにごる。

そこでできるだけ安定して色を再現するために、以下の注意点に配慮した色指定をお勧めします。

❶ 鮮やかなオレンジと紫は表現できない
ポスターカラーや絵具の鮮やかなオレンジ色や紫色と比べ、CMYKで印刷したオレンジ色、紫色はにぶく、にごった色になりがちです。MとY、MとCの重ね刷りで表現するための限界です。

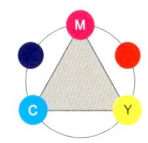

対策 CMYK専用の色票で色を確認して色指定をします。鮮やかな色の特色インキ用の色票を色見本にしても再現できません。特色インキで印刷すればもちろん同じ色調を出すことができますが、別途の特色を刷るための費用が発生します。

❷ 微妙な色相は色が変わる（色のコロビ）
各色の濃度設定バランスの不均一や、紙自体の色の影響、印刷時に発生する濃度変化などによって、微妙な淡い色は思いがけない色相へと変わる、つまり色のコロビが起きることがあります。

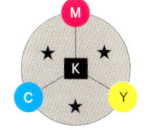
CMY3色で色指定すると幅広く色のコロビがる危険

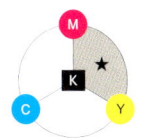
スミ（K）と他の2色で指定すると、Kと他の2色の範囲内で色のコロビが収まる

対策 CMY3色を使った色指定ではなく、極力2色とKでの指定を行えば、色コロビが発生したとしても、3色の3分の1の範囲内に収まります。

❸ 260％以上の網点は印刷できない
CMYKの4色を刷り重ねると、もっとも暗く深い黒色を表現することができます。しかし、実際にはCMYKそれぞれの％を合計が260％を超えると、インキの乾きが遅くなり、ブロッキング（裏移り）が生じます。さらにインキが紙に吸収されず前に刷られたインキの上で凝固し、鏡面状になってしまうクリスタリゼーションが発生し、刷りムラの原因となります。

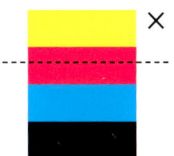

対策 260％以内の合計値で指定をする。本書の色票は、すべて合計値が260％以内におさまっていますので、安心して使うことができます。

3

トーンでイメージをコントロールする

トーンはK(黒)の％とCMYの％で決まり、共通するイメージを表す。

a. 淡色のトーン　ソフトで甘く、ロマンチック

b. 淡色のトーン　優しく爽やかな、スイート

c. 明色のトーン　明朗で軽快、開放的な

d. 純色のトーン　元気で力強い、開放的な

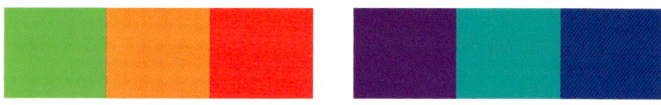

e. 淡濁のトーン　上品で都会的な

f. 渋いトーン　落ち着いて穏やかな

g. 暗色のトーン　格調高く、伝統のある

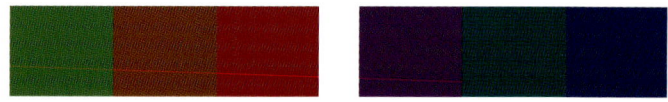

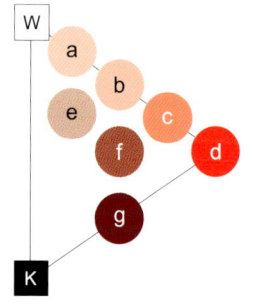
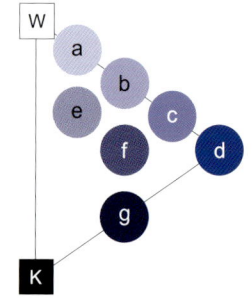

トーンの位置と色相の関係
同じトーンならば、色相が異なっていても同じイメージを表し、同じトーンを組み合わせると穏やかに調和する。

色相型でイメージをコントロールする

色相はCMY3色のうち2色の％のかけ合わせでつくる。下は8つの代表的な色相の組み合わせパターン。

a. 対決型　ムダのない、クリア、力強い

b. 準対決型　(穏やか、自然な)ムダのない、クリア、力強い

c. 三角型　クリアで開放的、すっきりした

d. 全相型　(極めて)開放的、自由な

e. 微全相型　家庭的、落ち着いて開放的な、自然な

f. 類似相型　穏やかな落ち着き、安定した

g. 同相型　仲間だけの静かな、対立のない、内向的な

h. 微対決型　趣味性の高い、スタイリッシュな

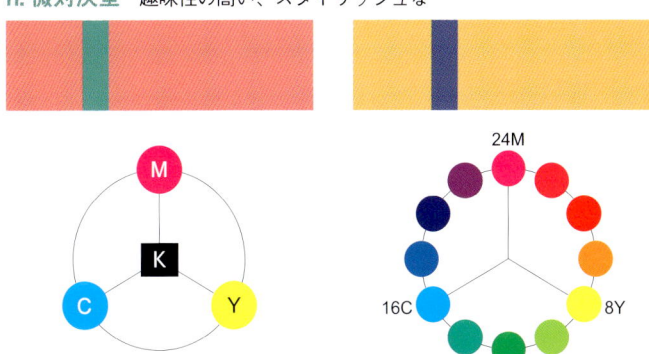

ＣＭＹＫと色相環図の関係

色相を円上に並べると、それぞれの色相がどの位置にあるのかがわかり、近い色相、正反対の色相の関係が一目で確かめられる。

5

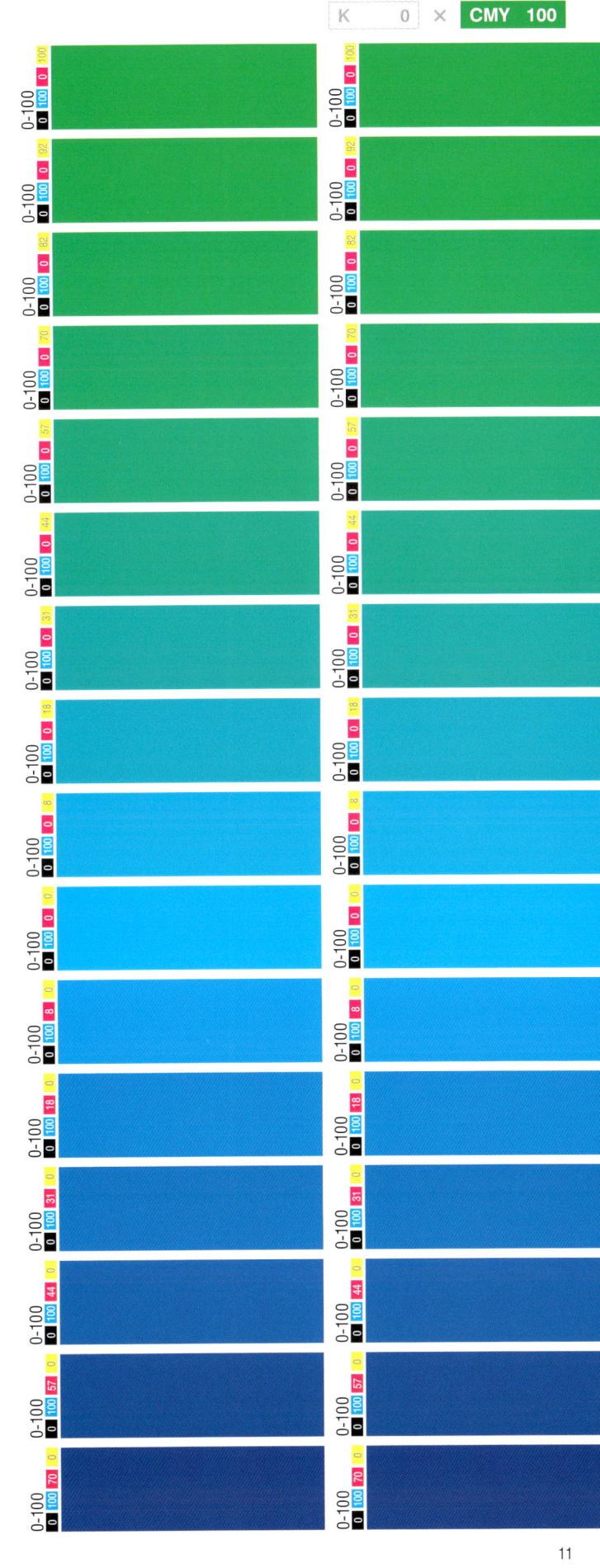

K 0 × CMY 90

K 0 × CMY 90

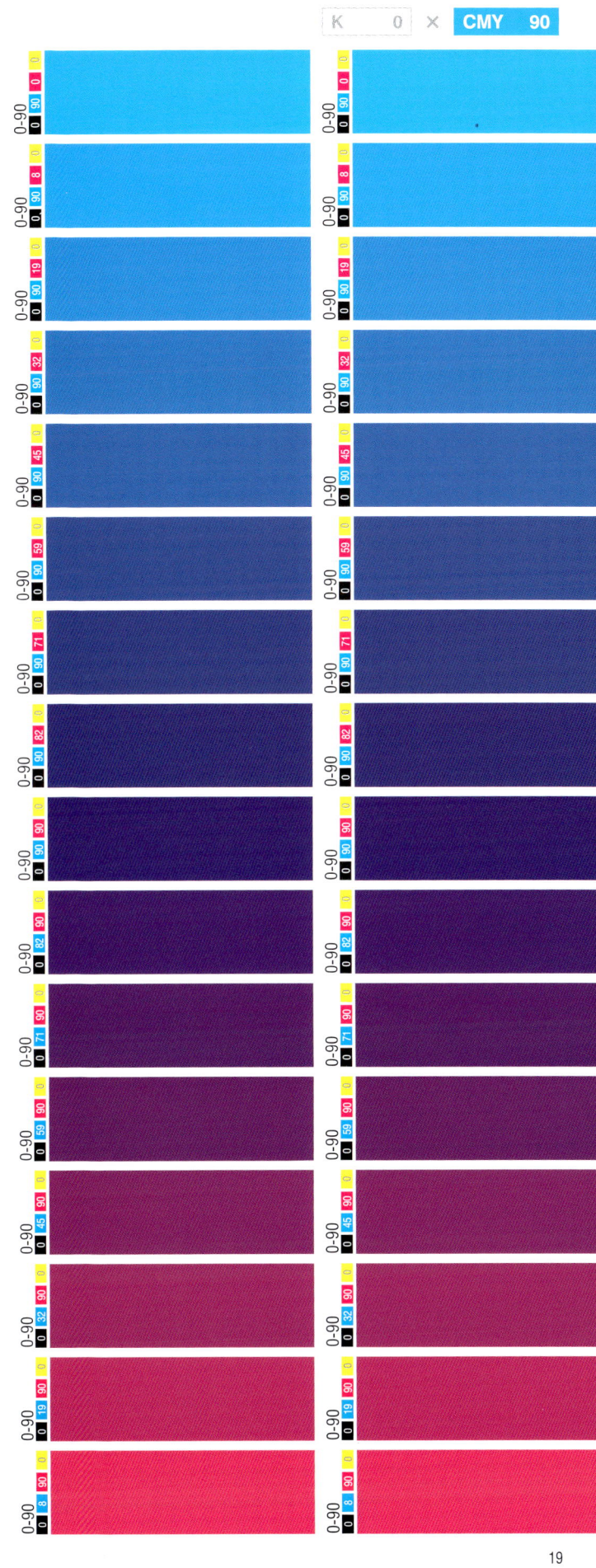

K 0 × CMY 80

K 0 × CMY 70

K 0 × CMY 60

K 0 × CMY 50

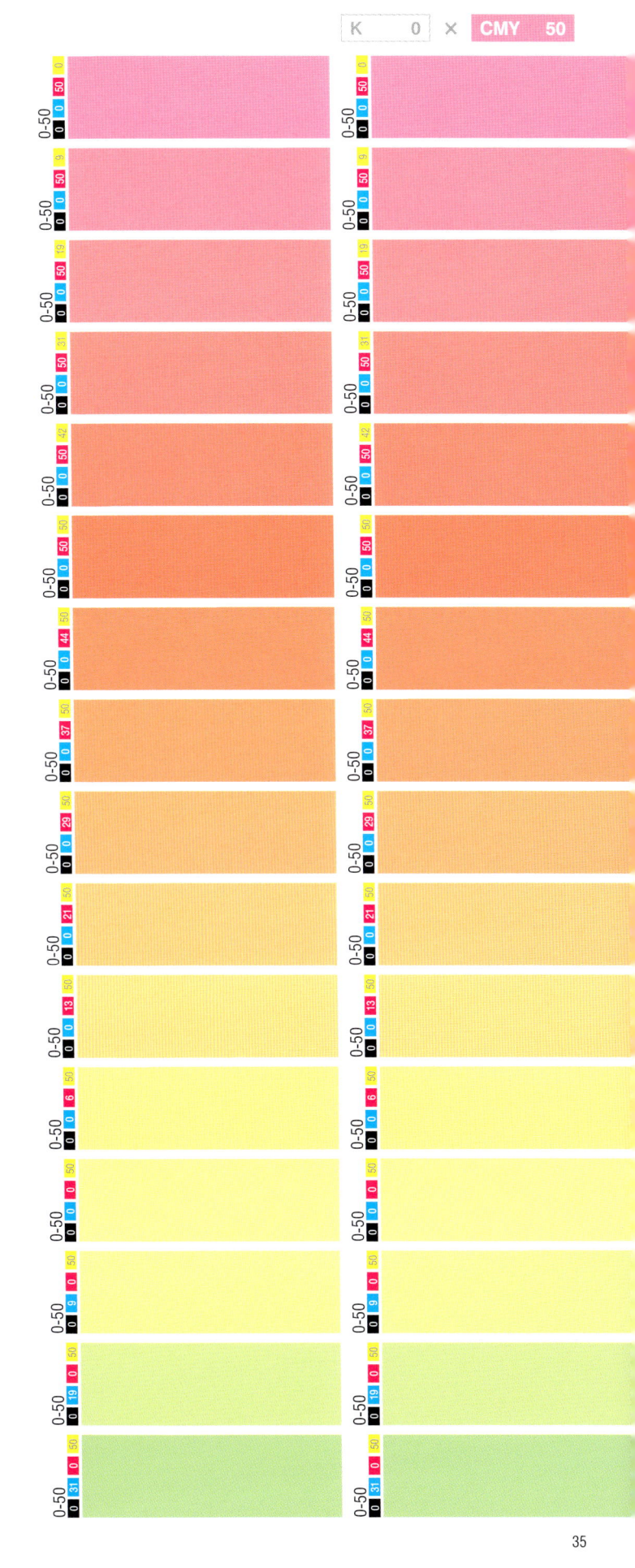

K 0 × CMY 50

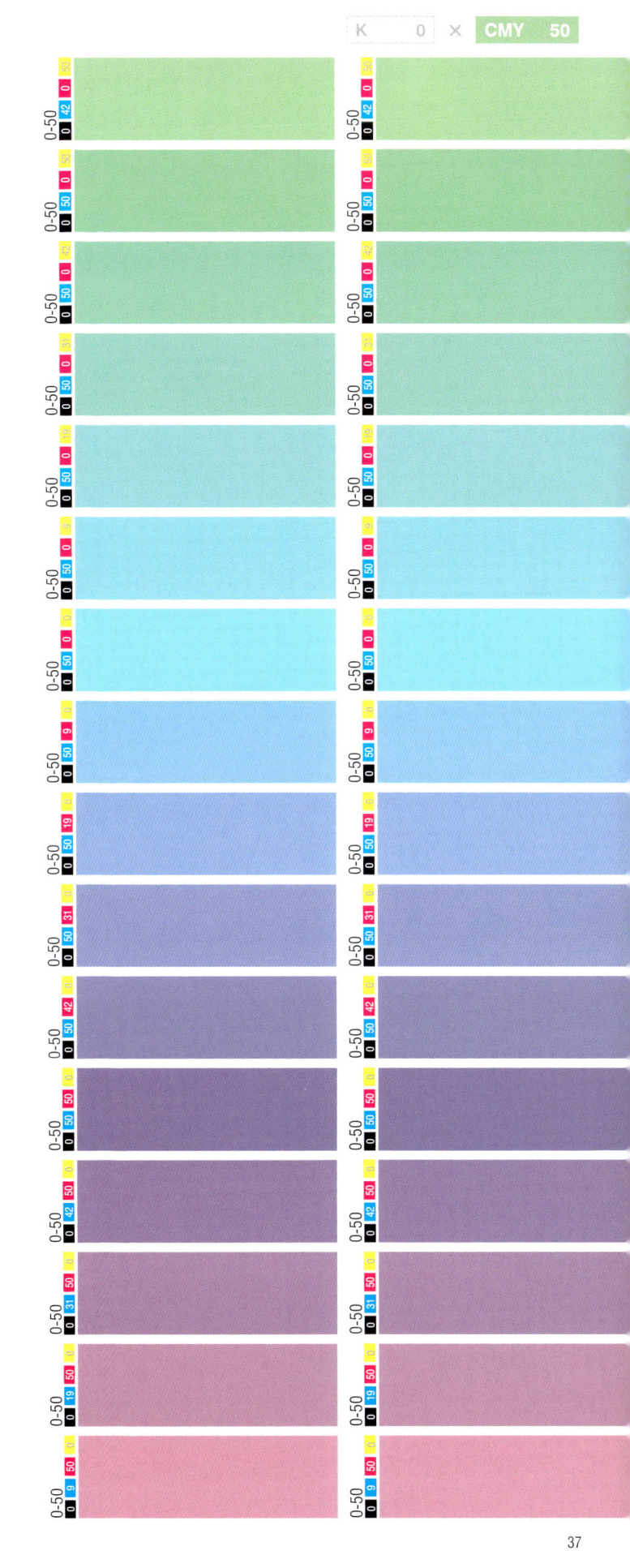

K 0 × CMY 40

K 0 × CMY 40

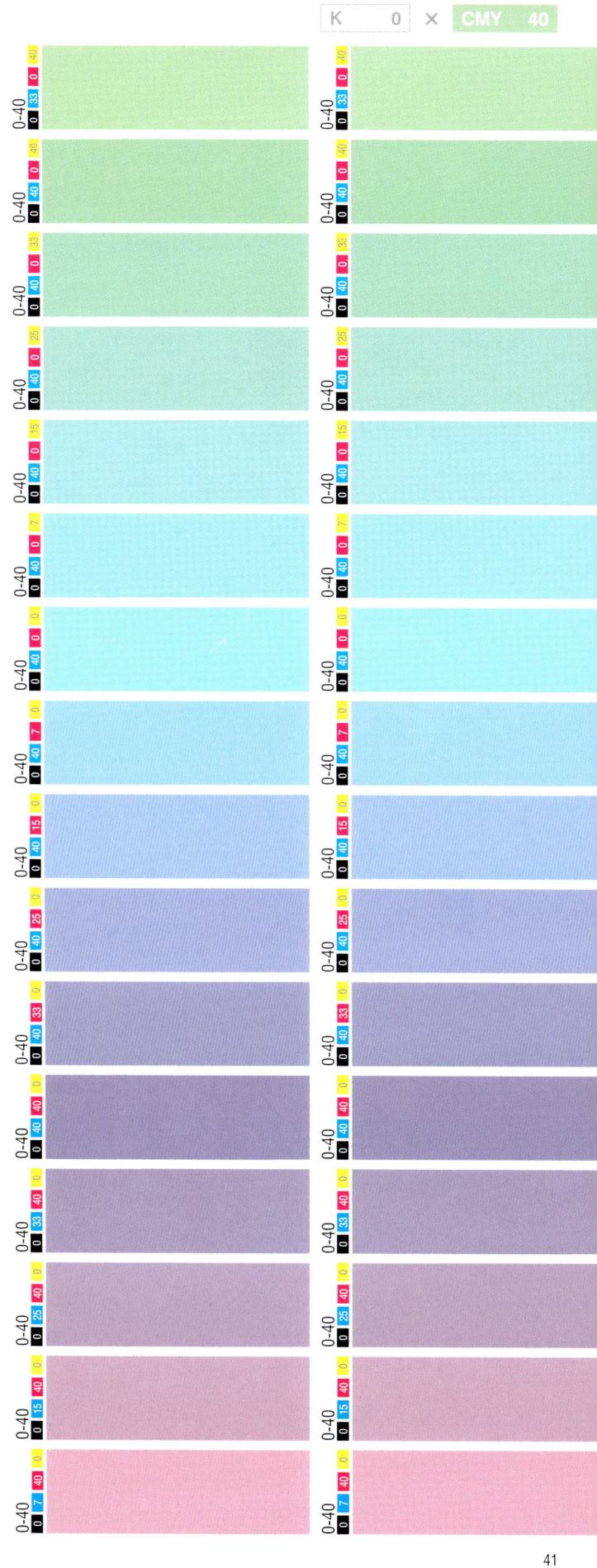

K 0 × CMY 30

K 0 × CMY 30

K 0 × CMY 20

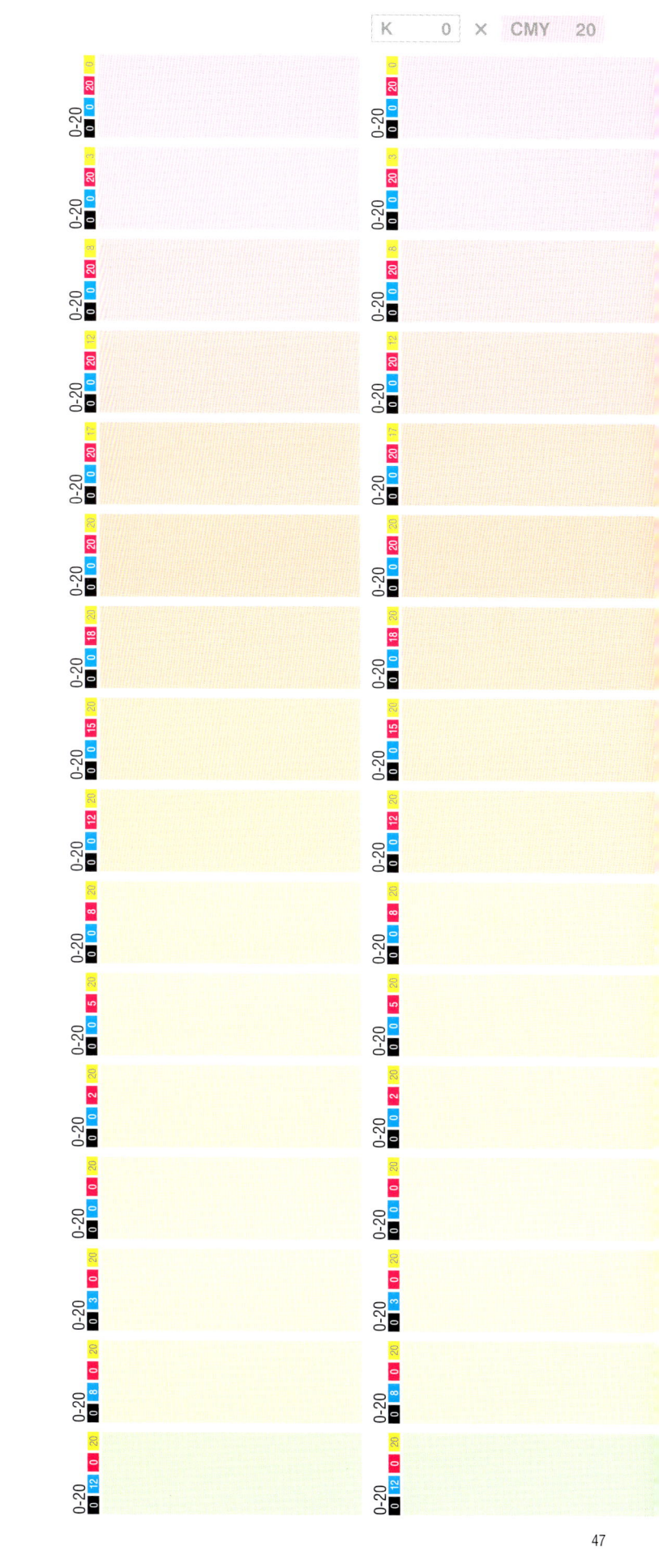

K 0 × CMY 20

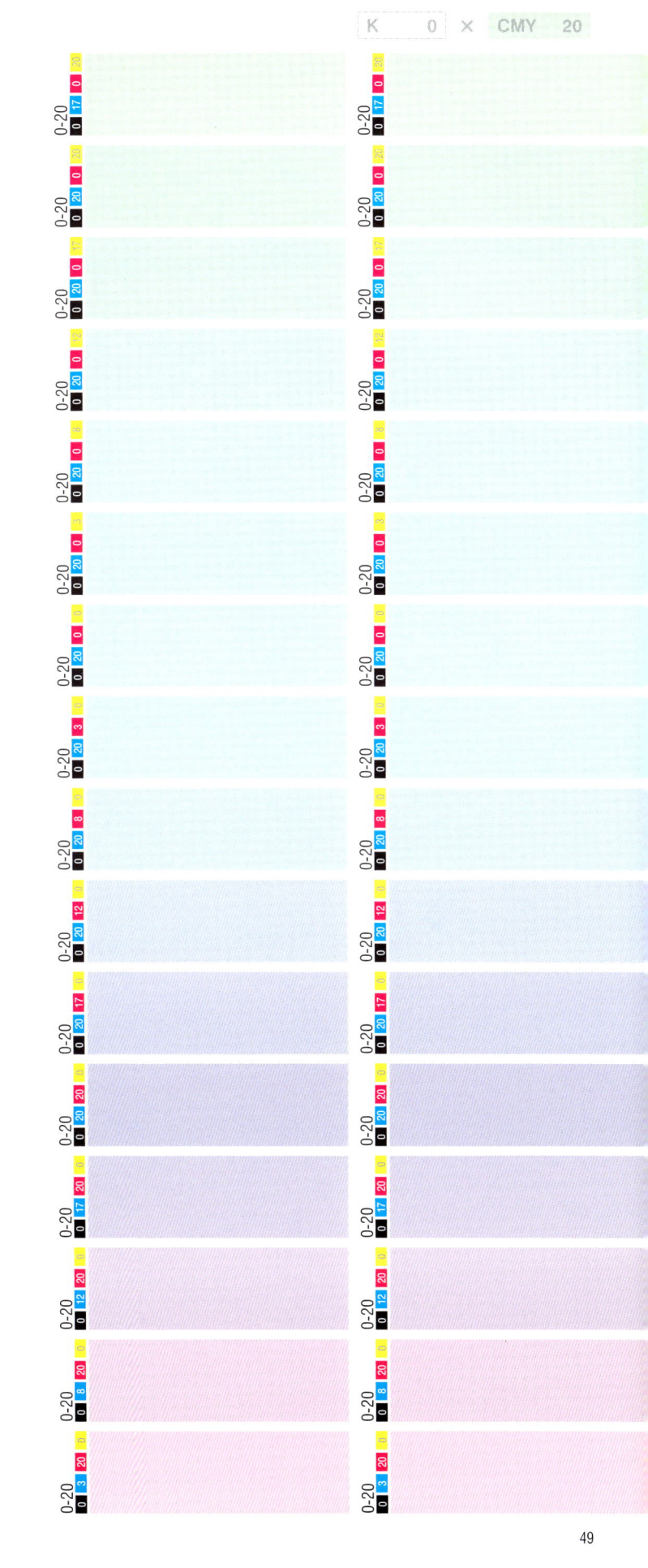

49

K 0 × CMY 10

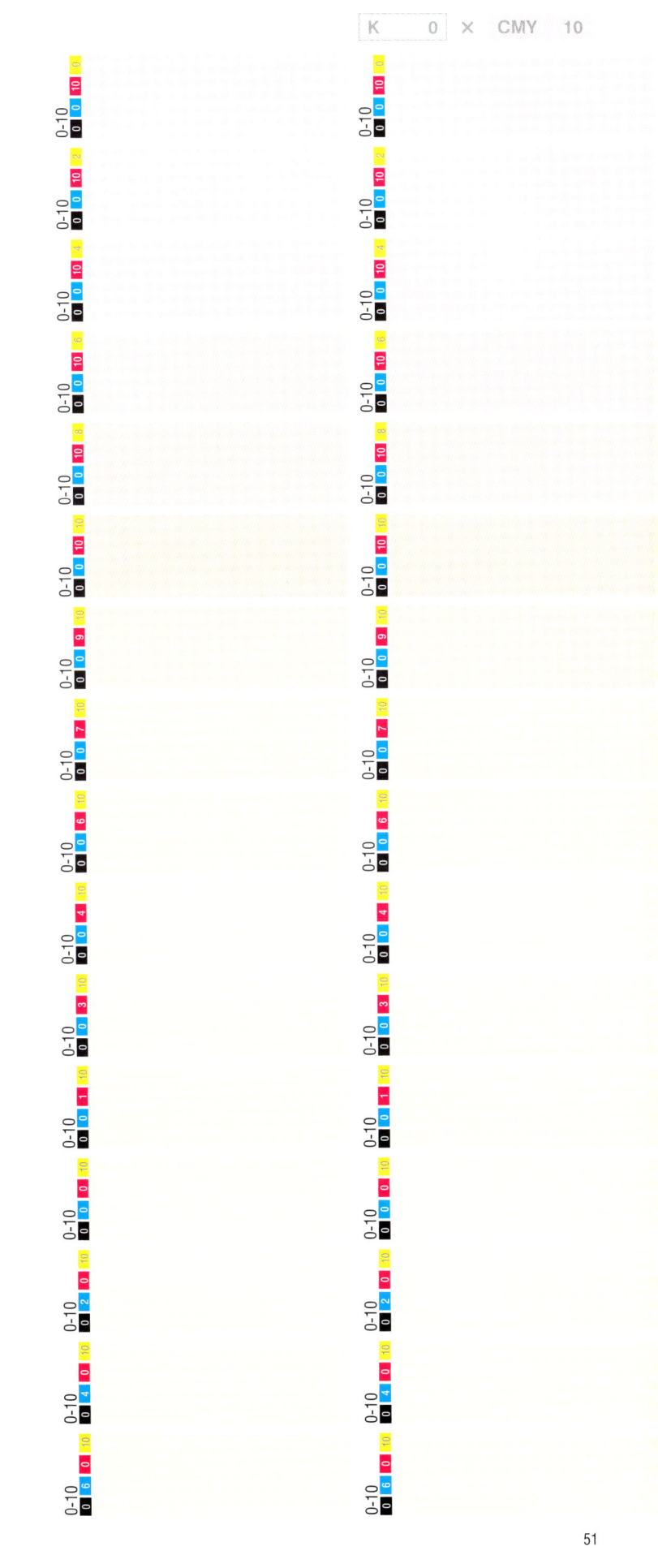

K 0 × CMY 10

55

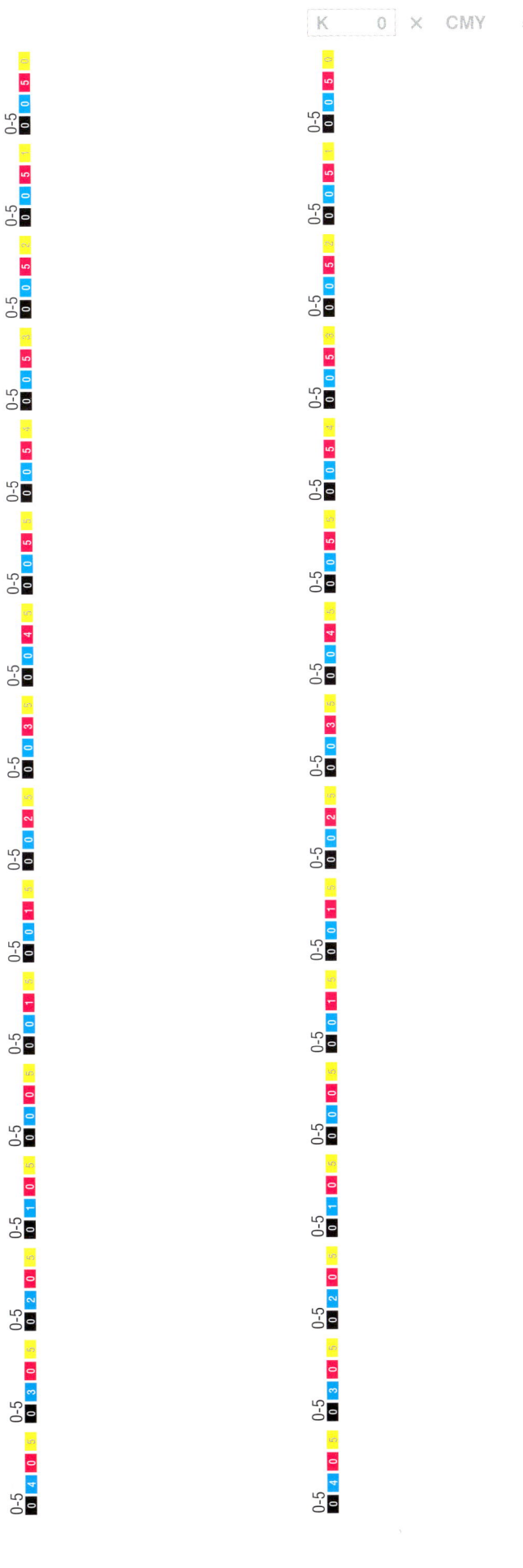

K 0 X CMY 5

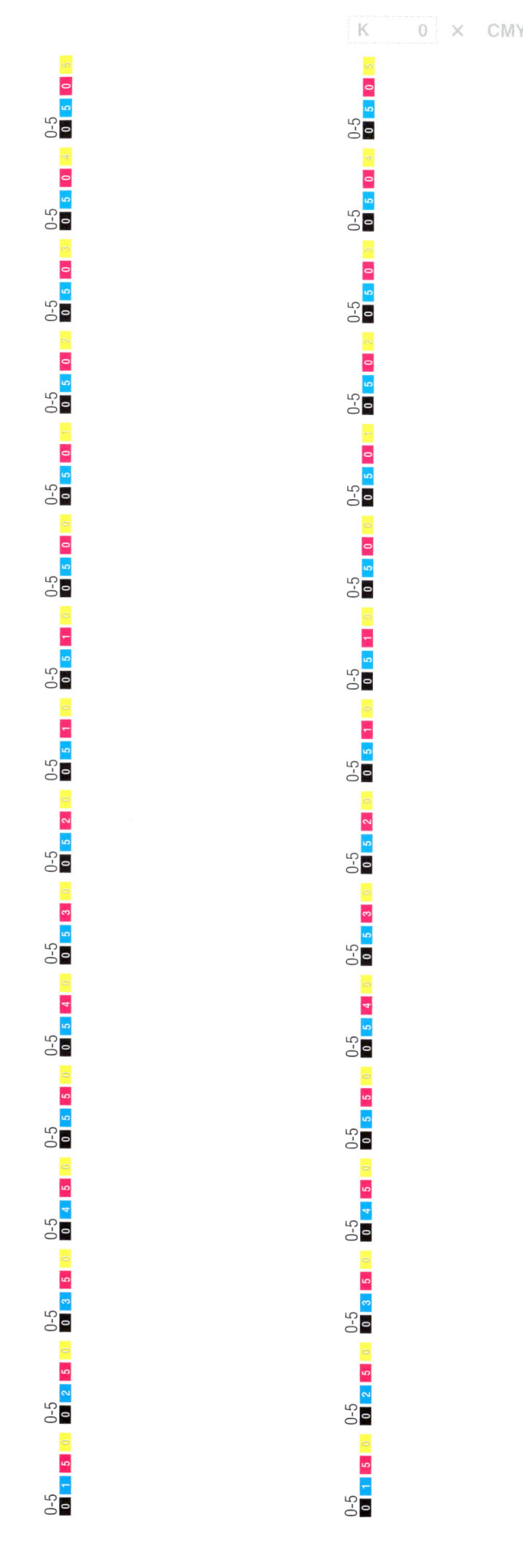

K 5 × **CMY 100**

K 5 × **CMY 100**

61

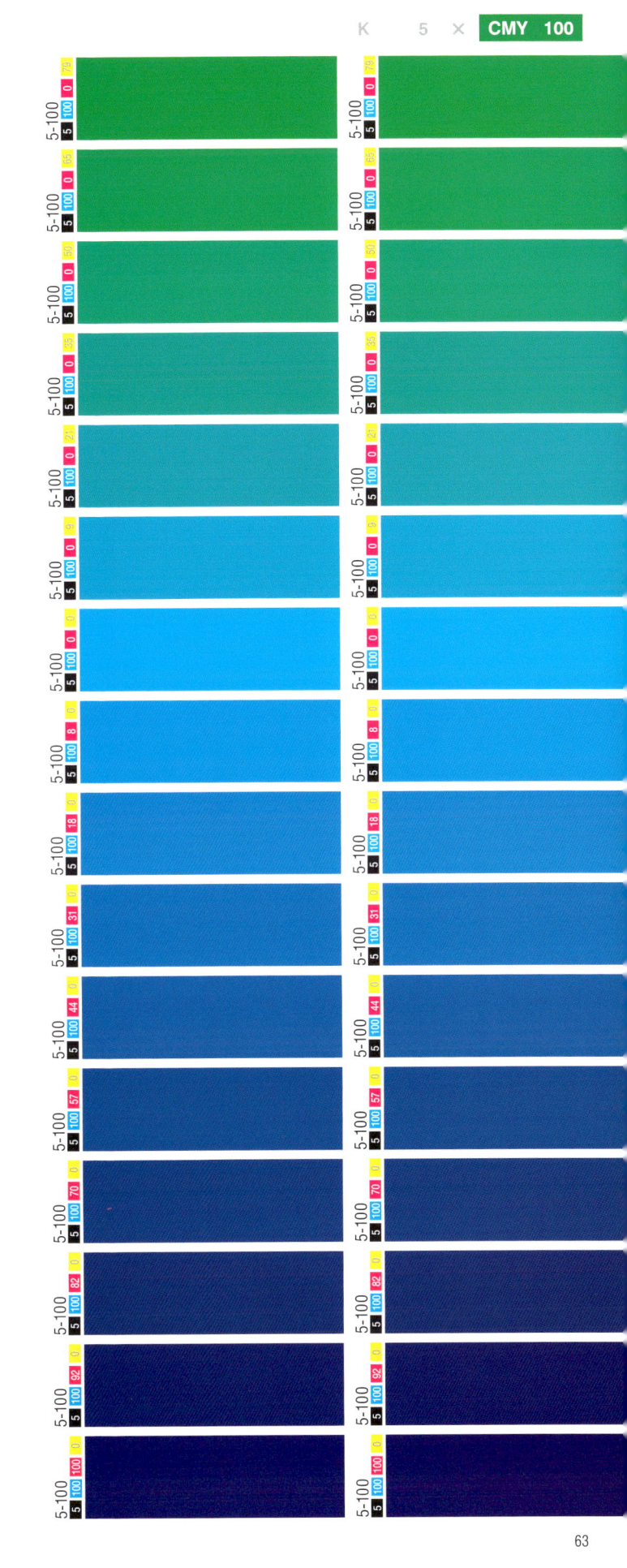

K 5 × **CMY 100**

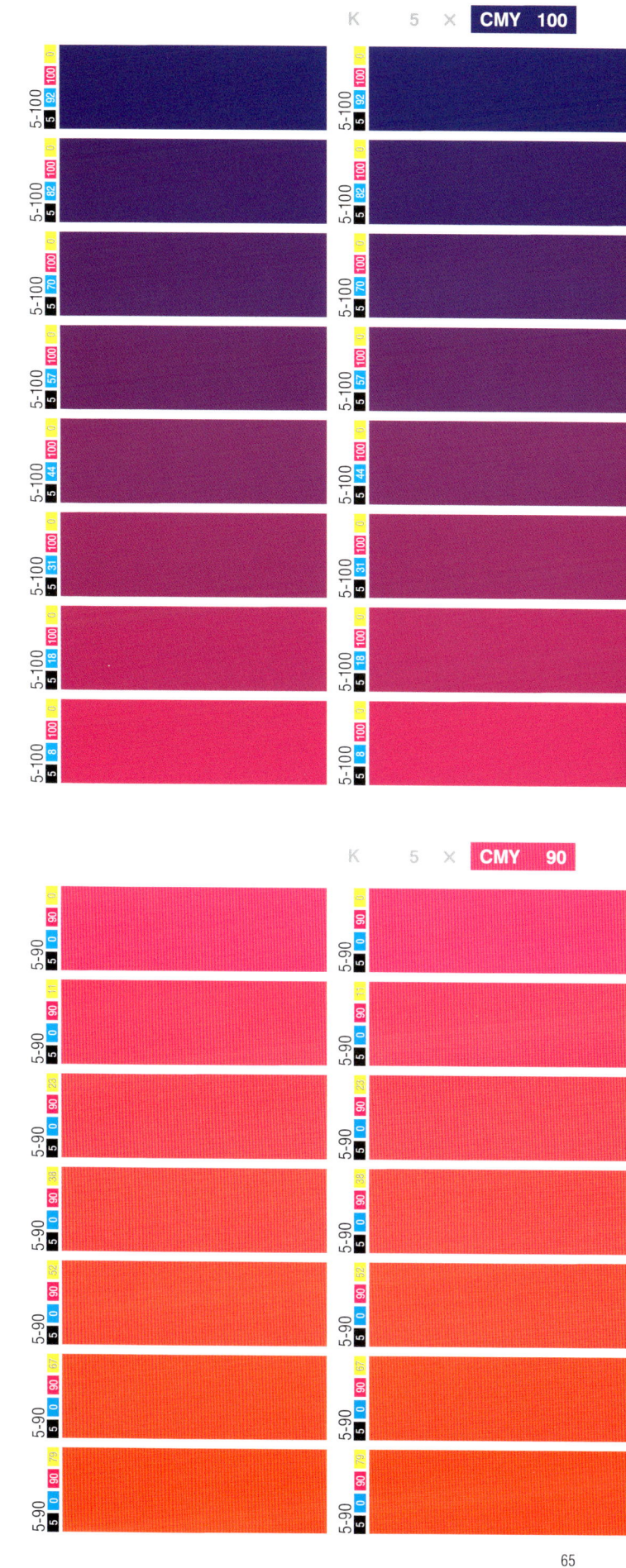

K 5 × **CMY 90**

65

K 5 × **CMY 90**

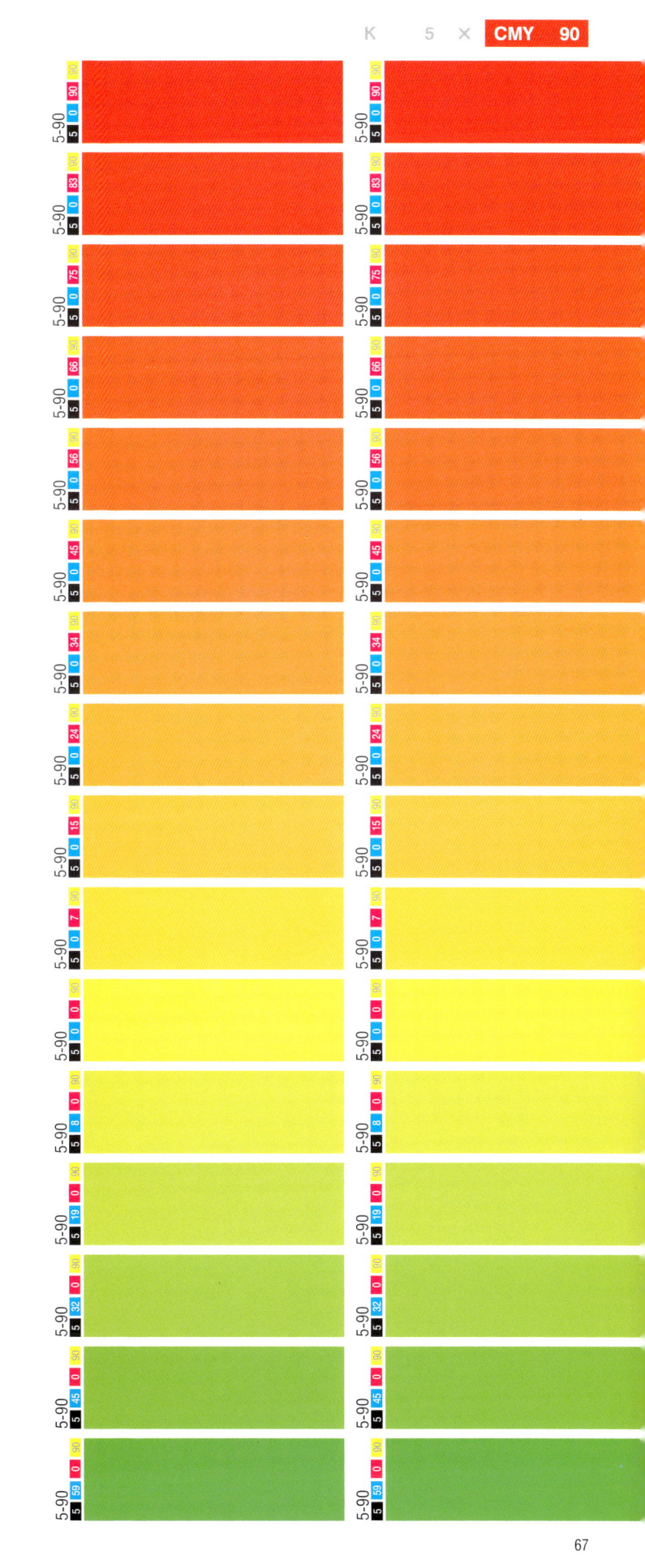

K 5 × CMY 90

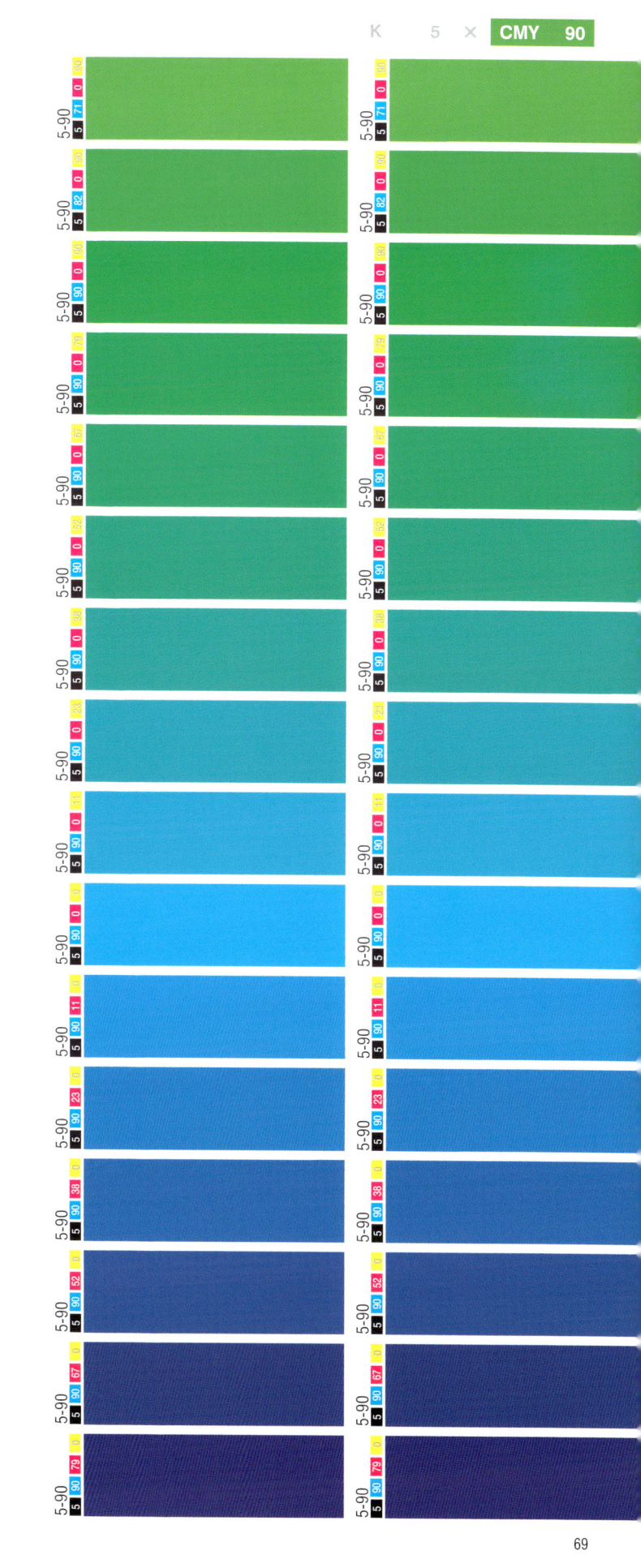

K   5   ×   CMY   90

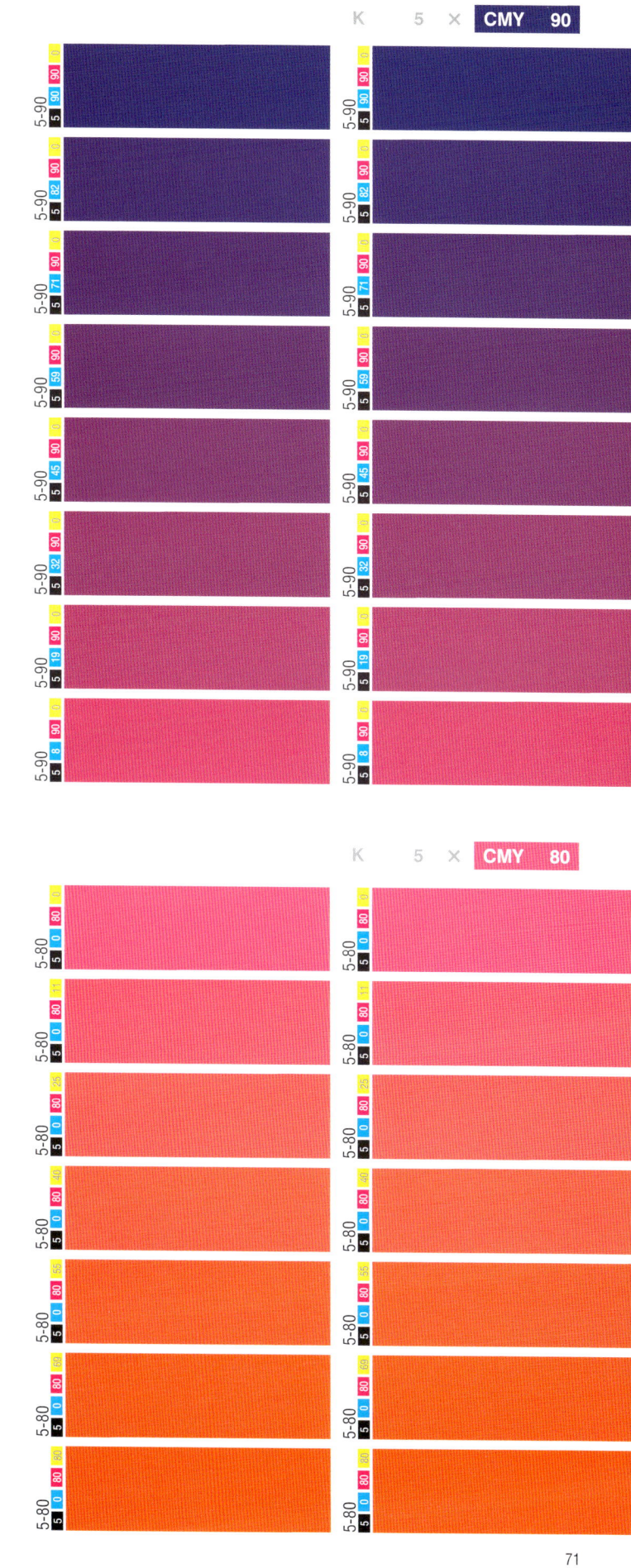

K   5   ×   CMY   80

K 5 × **CMY 80**

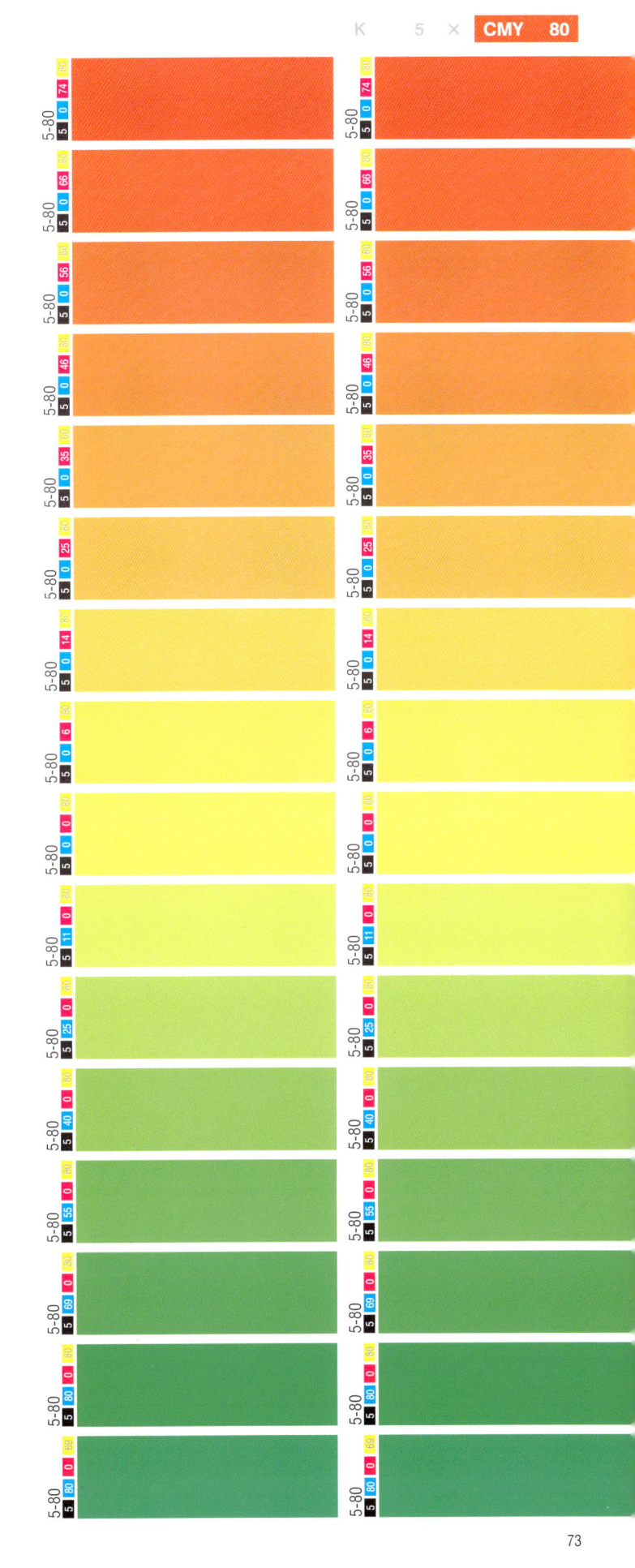

K 5 × CMY 80

K　5　×　CMY　70

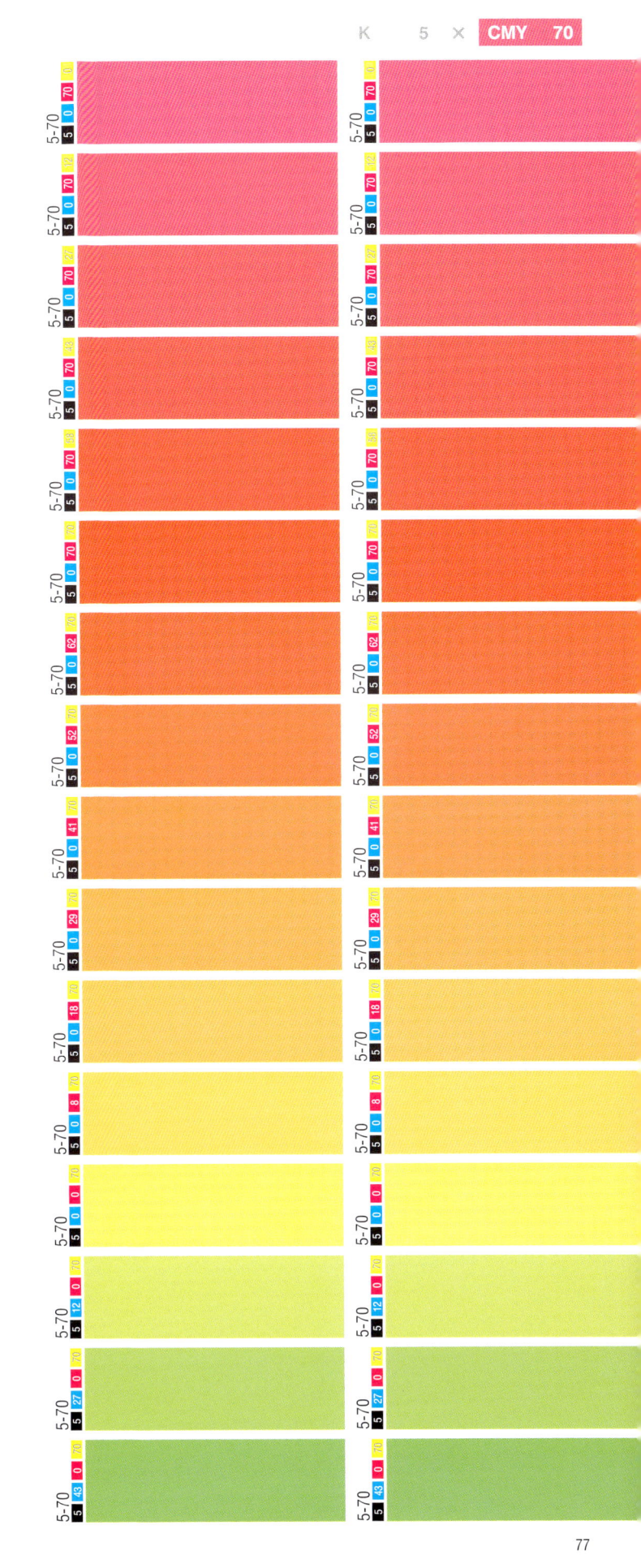

K 5 × CMY 70

K 5 × CMY 60

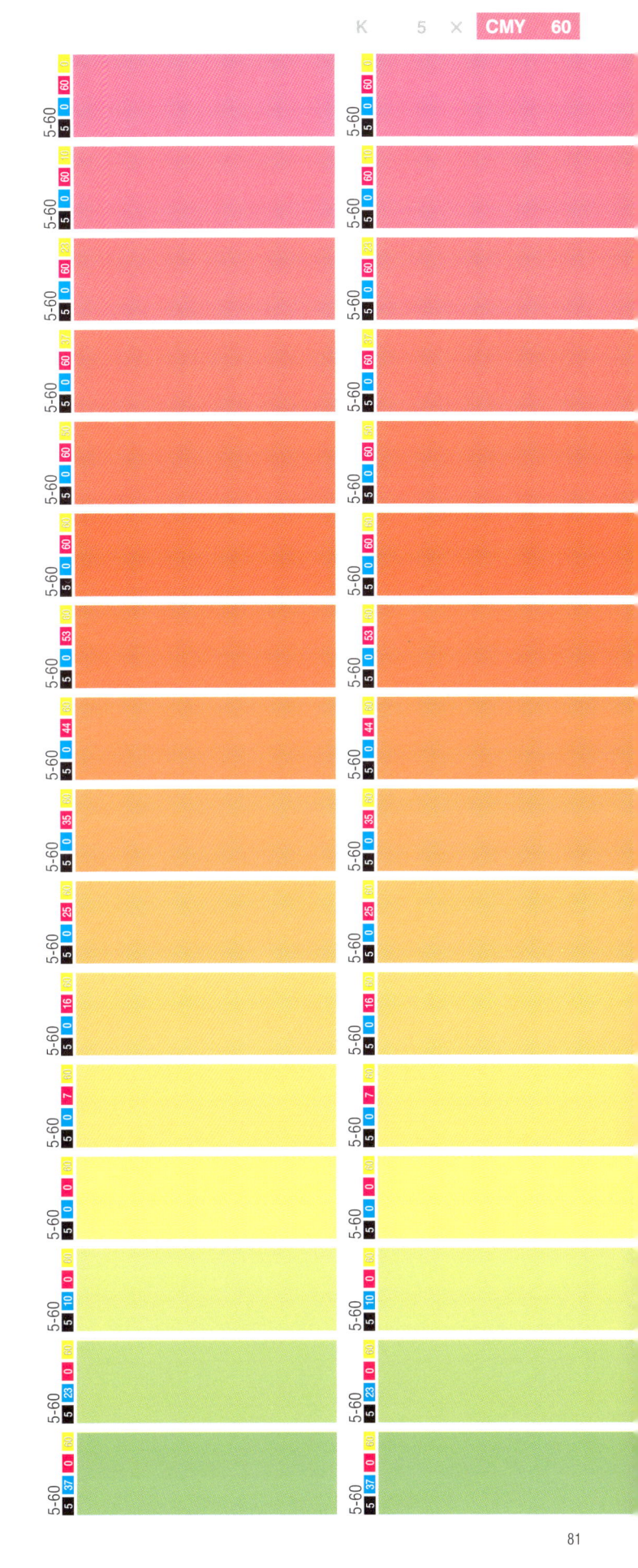

81

K 5 × **CMY 60**

K 5 × CMY 50

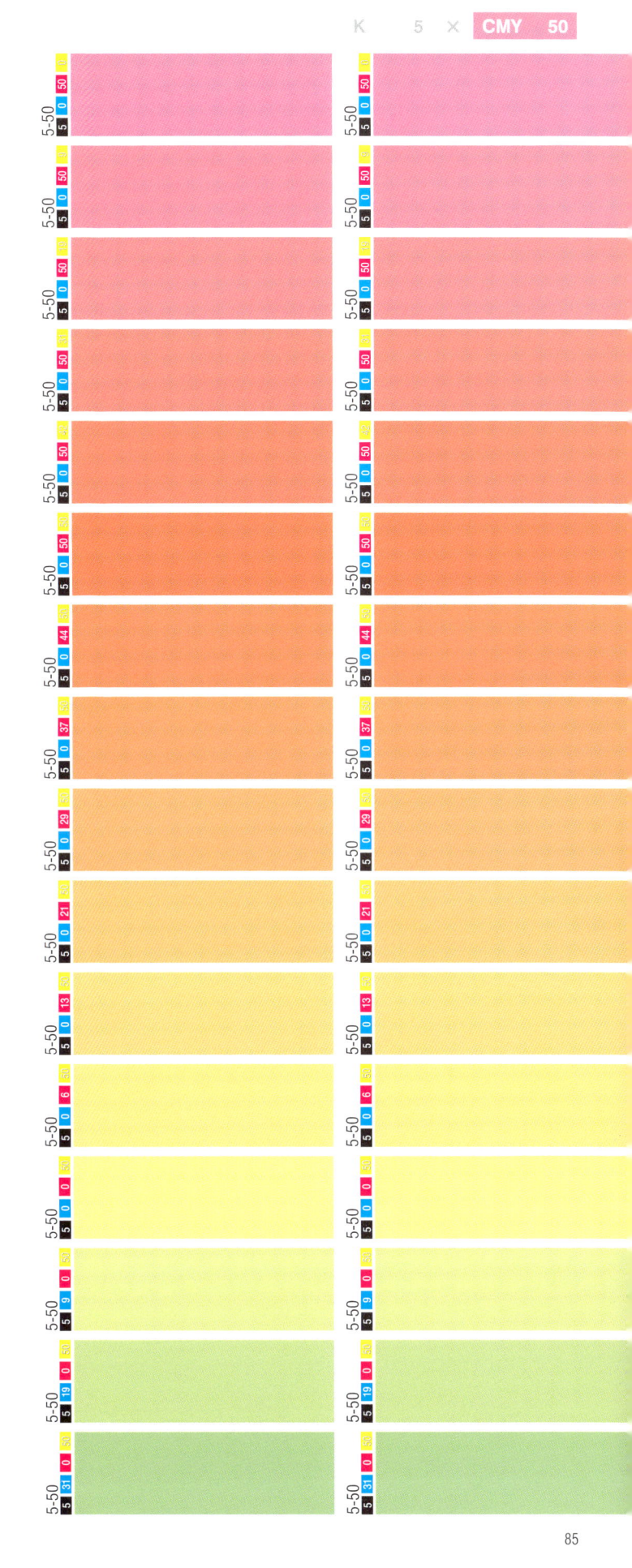

K 5 × CMY 50

87

K 5 × CMY 40

K 5 × CMY 40

K 5 × CMY 30

K 5 × CMY 30

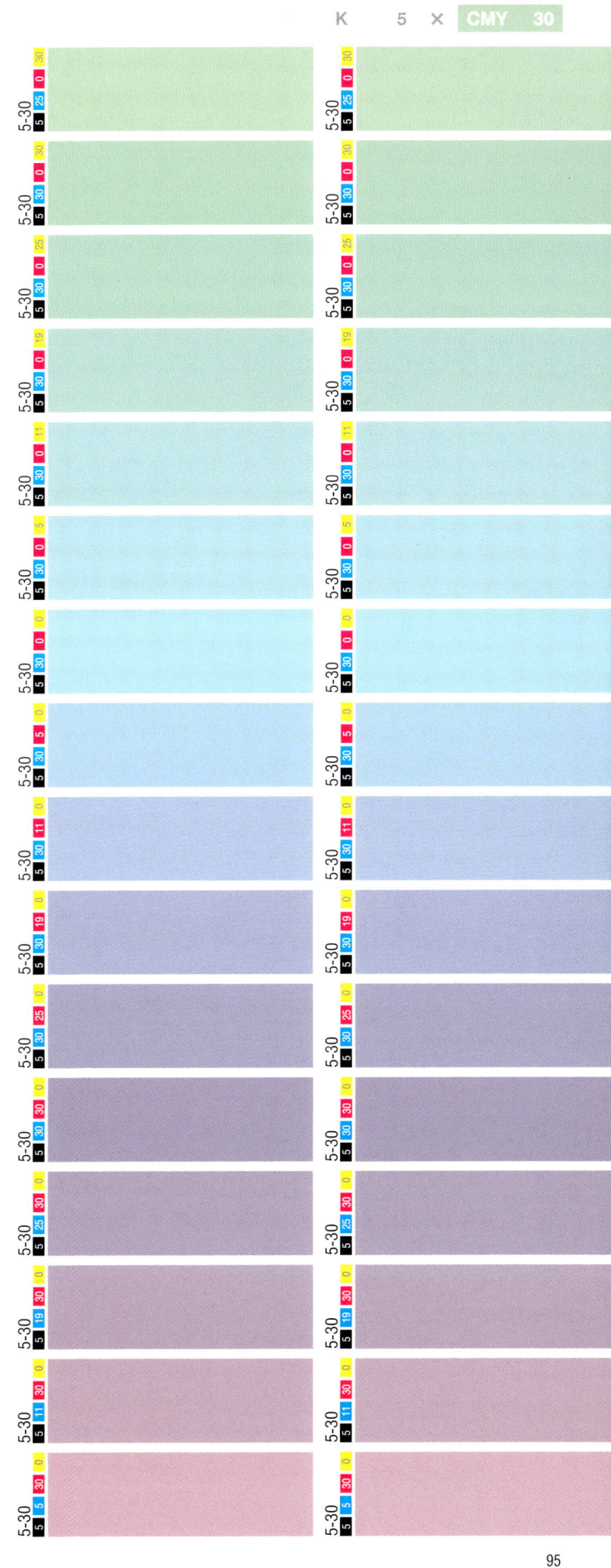

K 5 × CMY 20

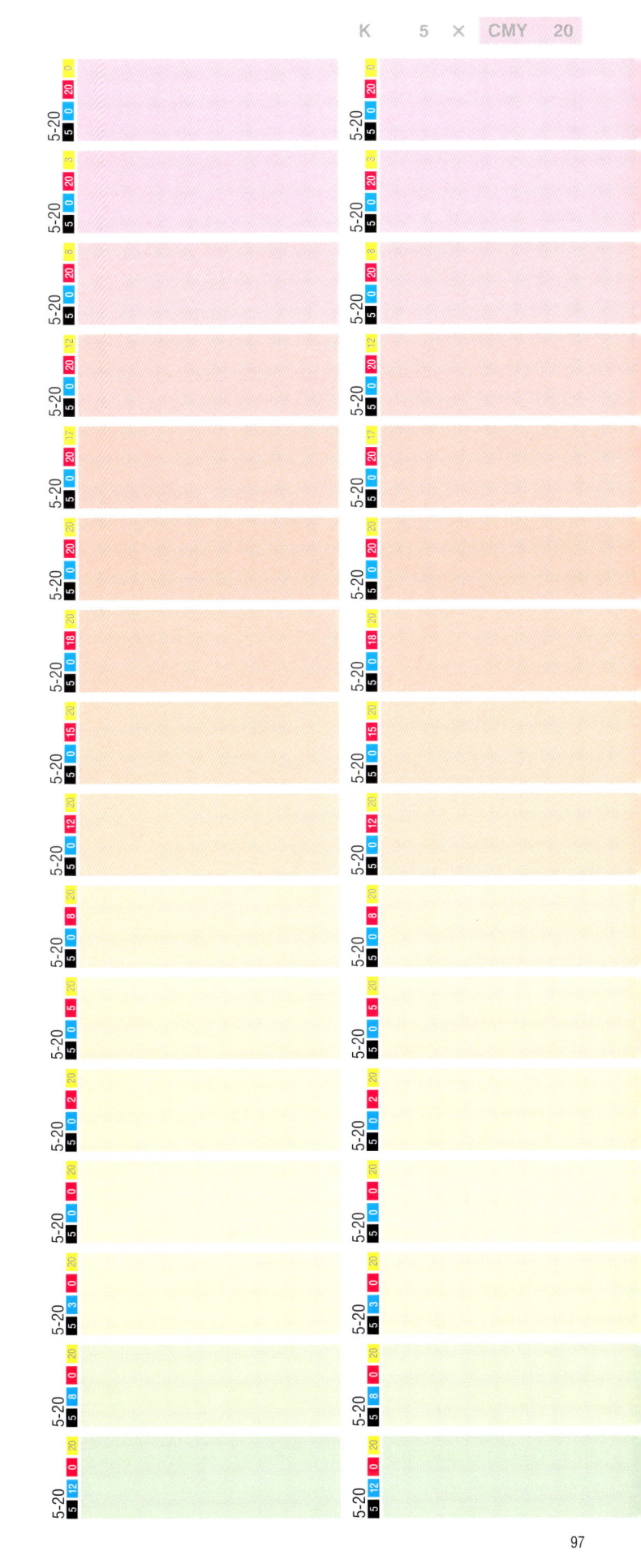

K 5 × CMY 20

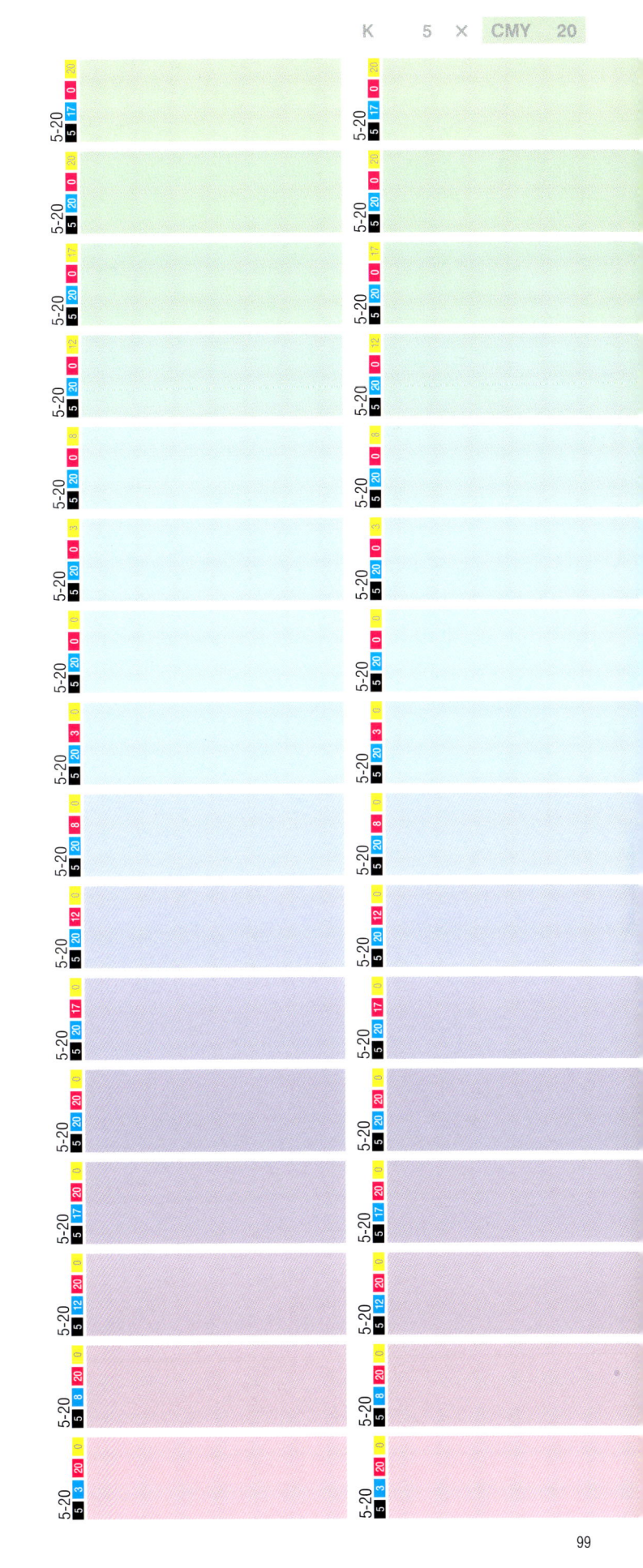

K 5 × CMY 10

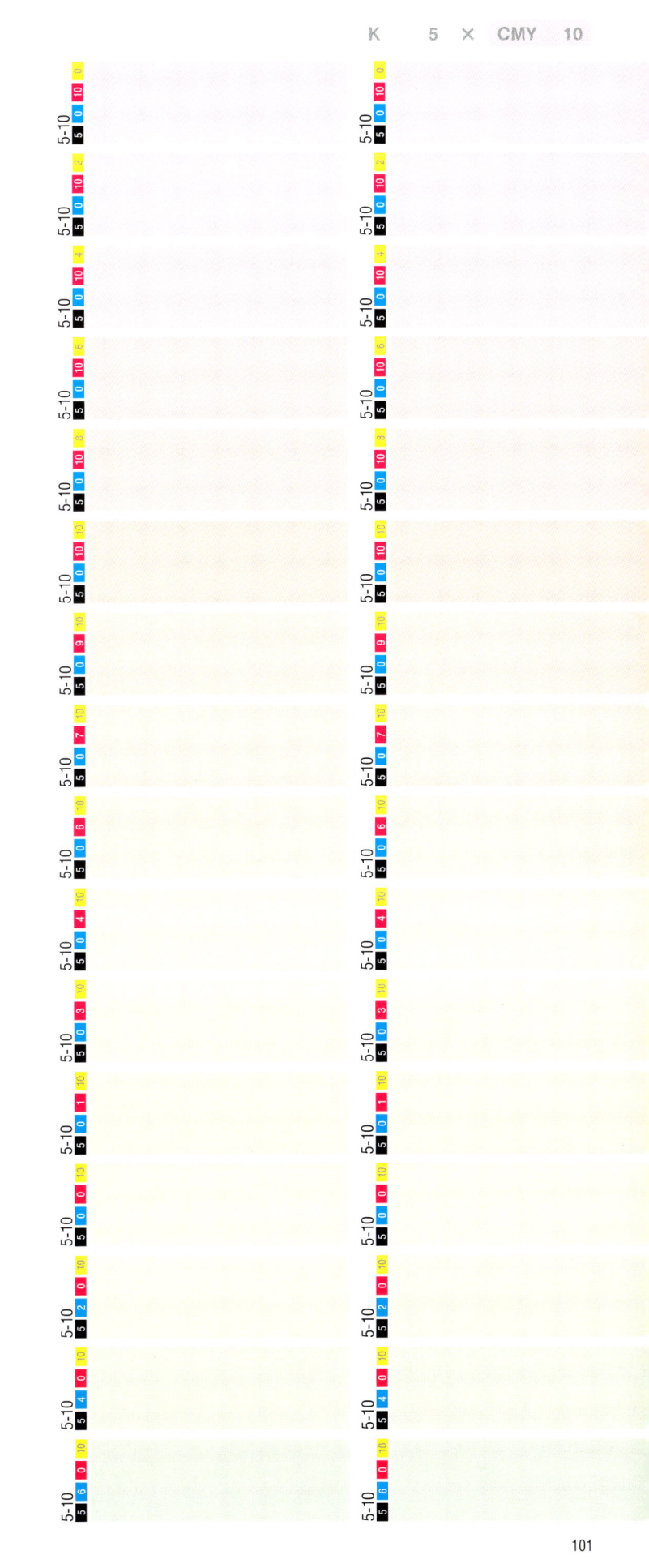

K 5 × CMY 10

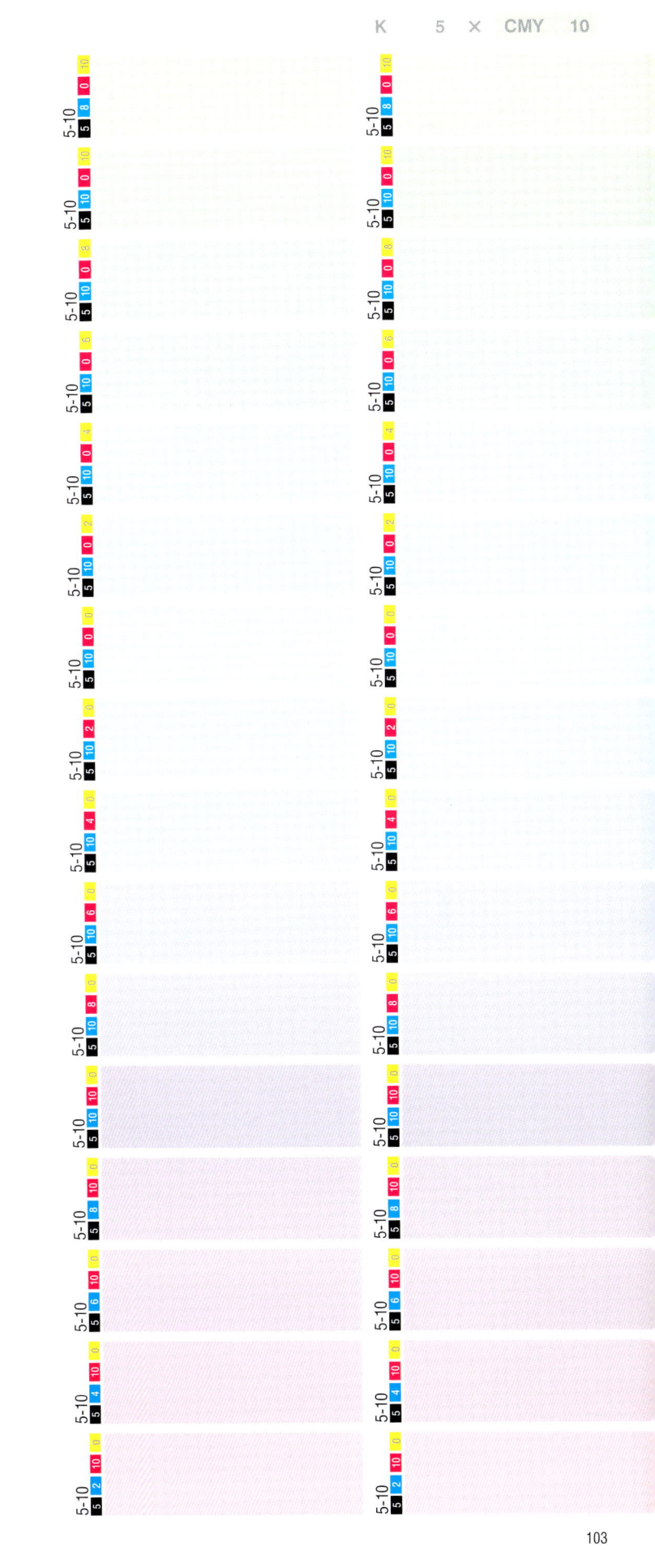

K 5 × CMY 5

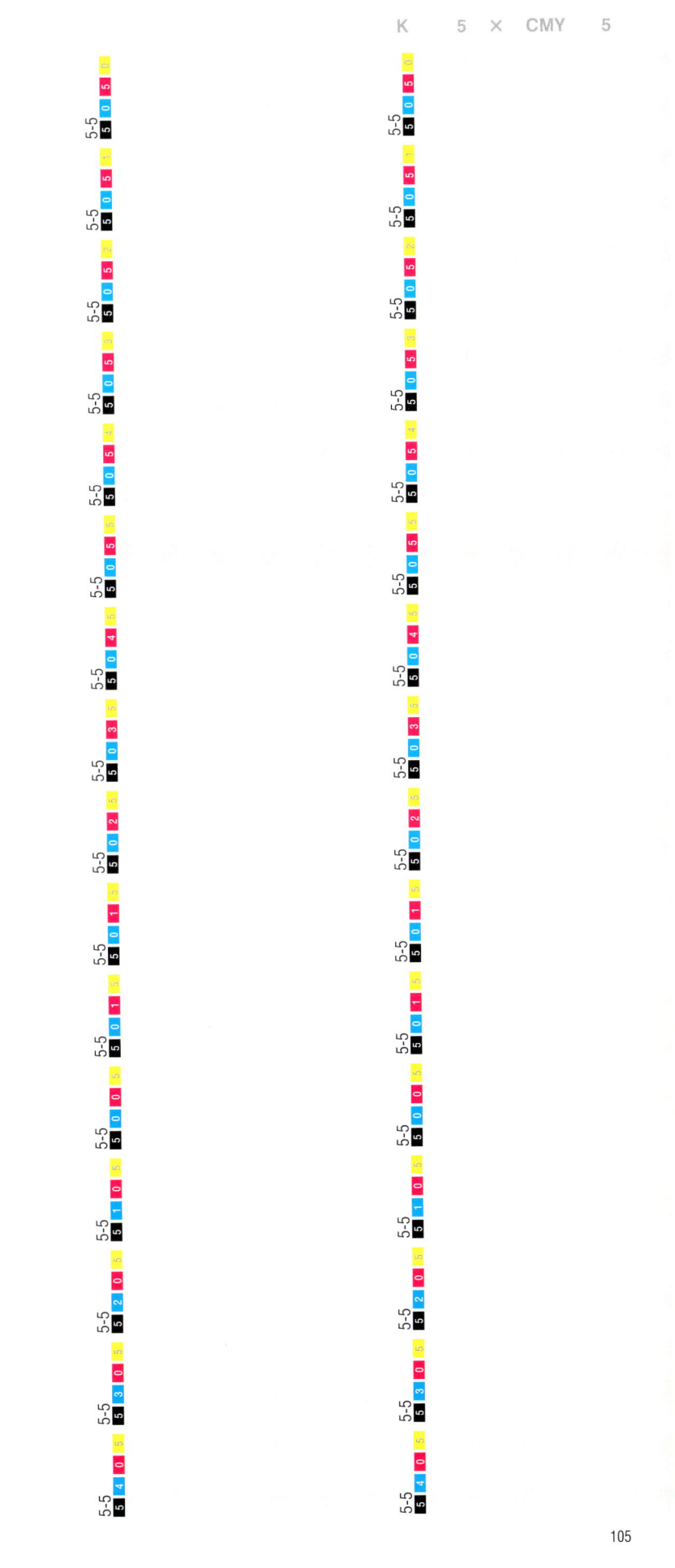

K 5 × CMY 5

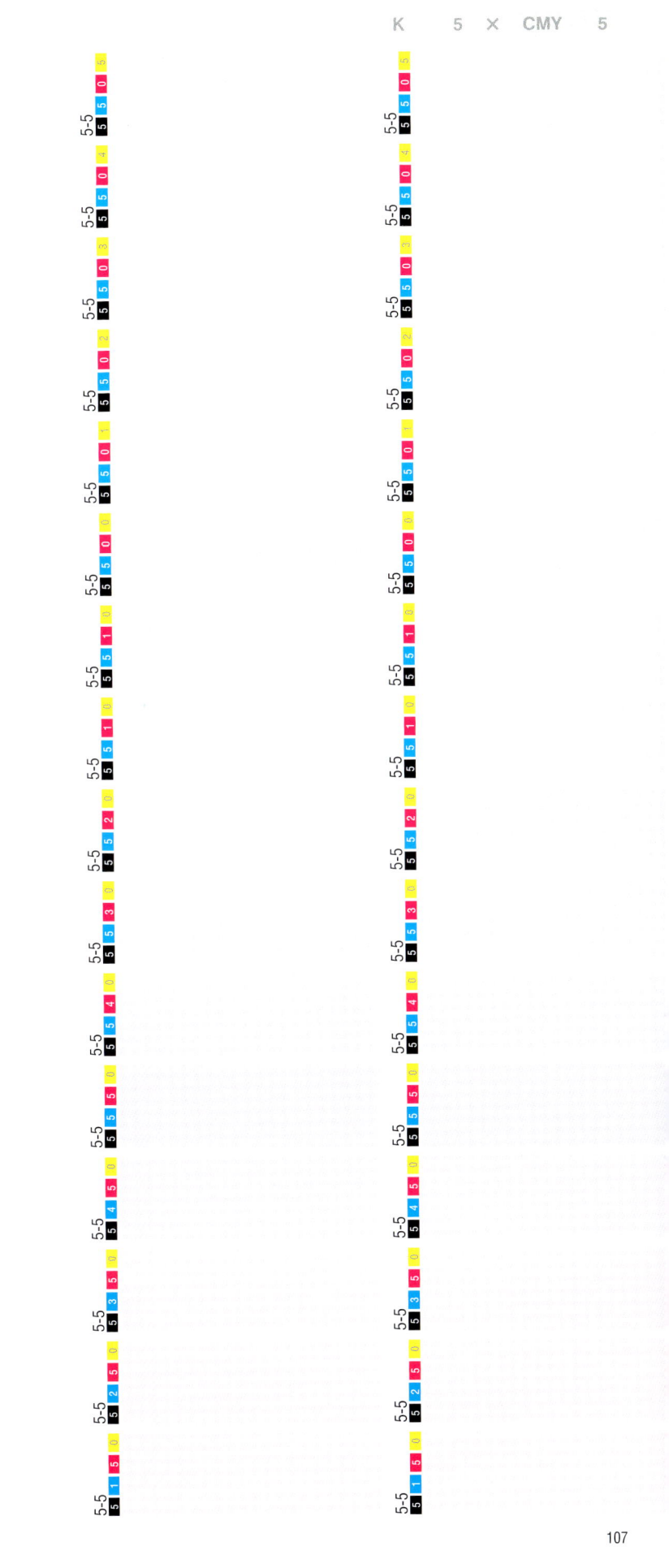

K 10 × **CMY 100**

K 10 × CMY 100

K 10 × **CMY 100**

K 10 × CMY 100

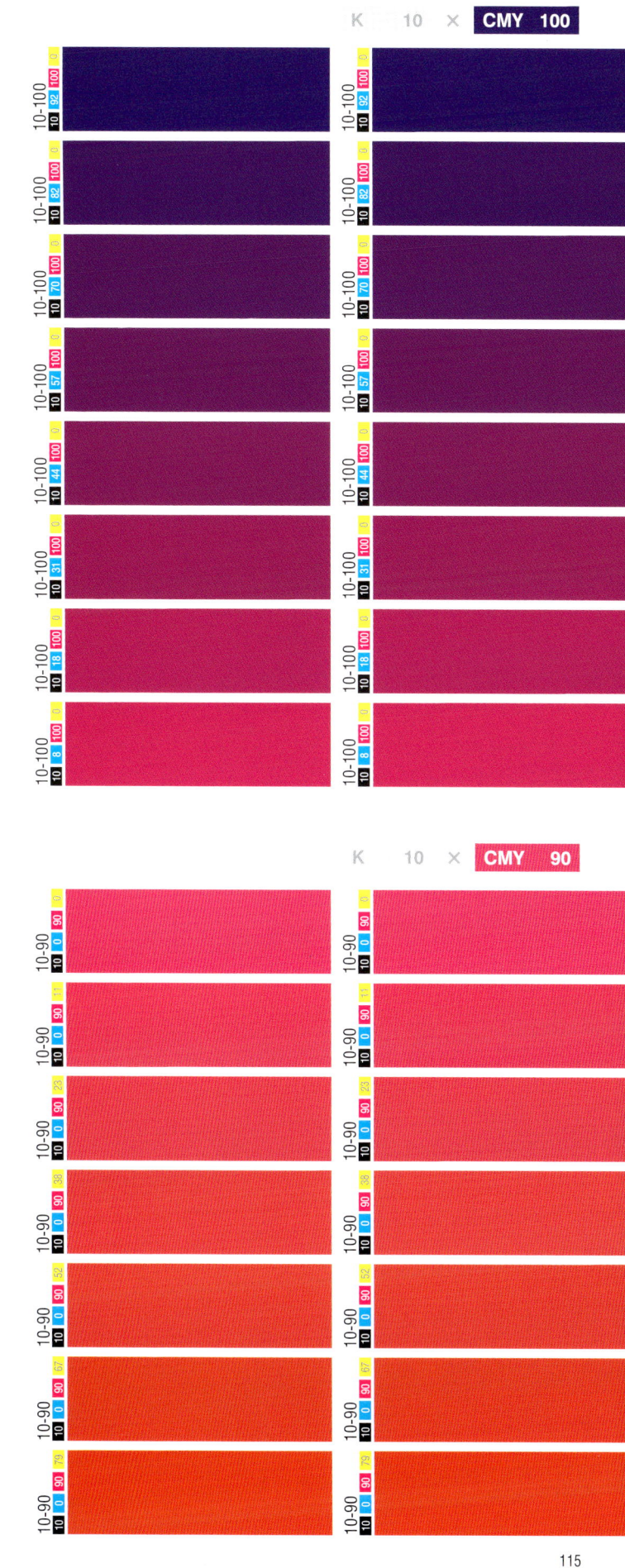

K 10 × CMY 90

115

K 10 × **CMY 90**

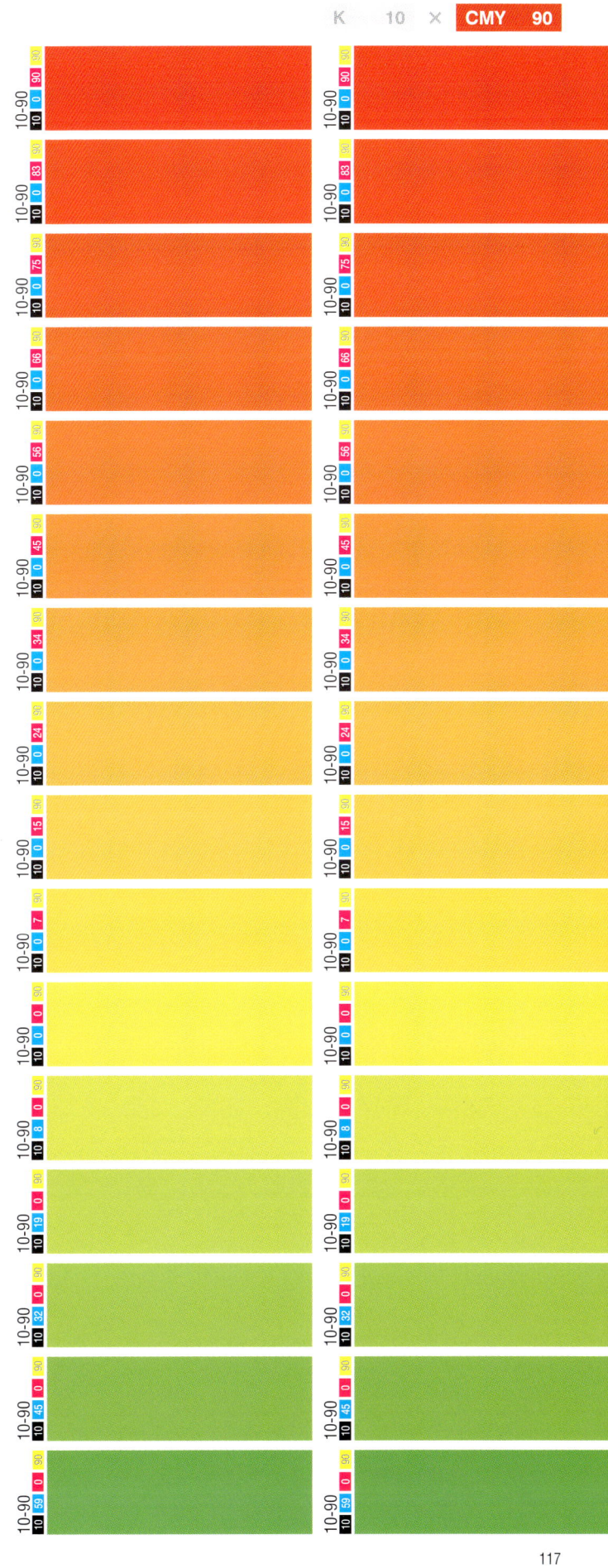

K 10 × CMY 90

K 10 × **CMY 90**

K 10 × **CMY 80**

K 10 × CMY 80

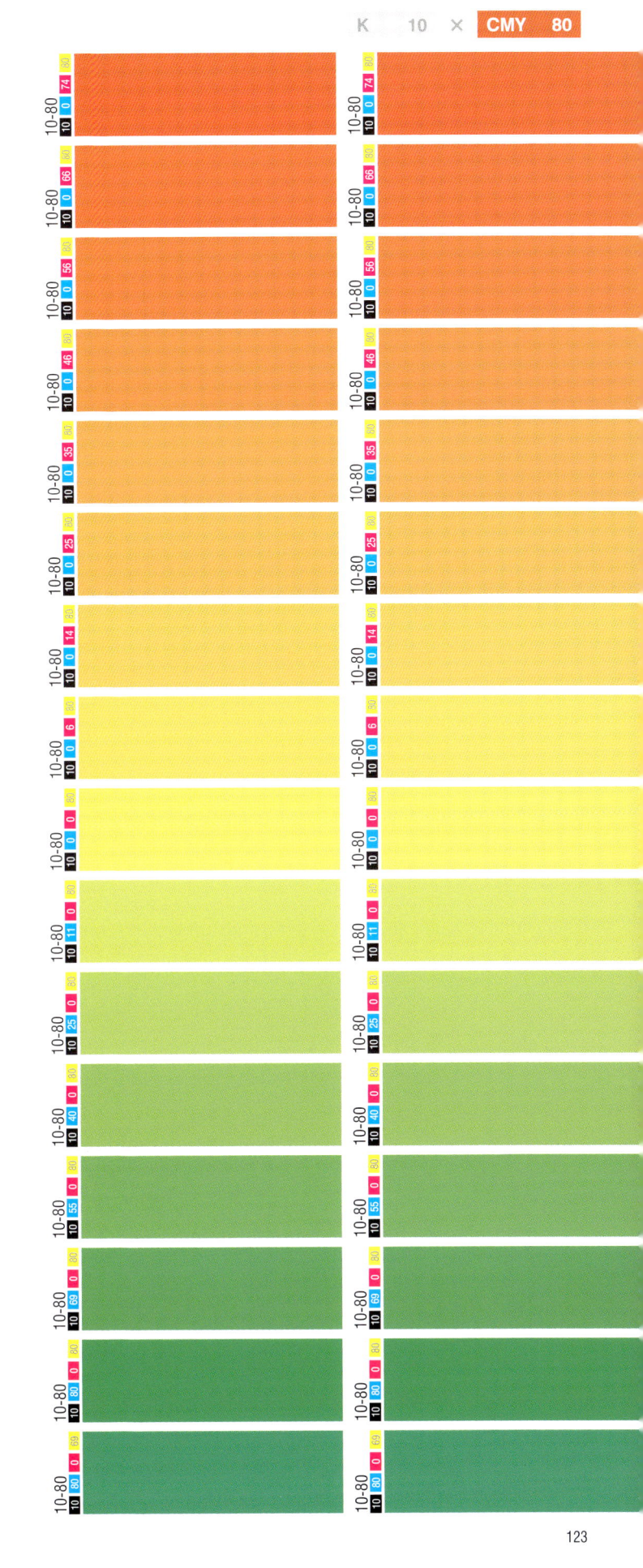

K 10 × CMY 80

K 10 × CMY 70

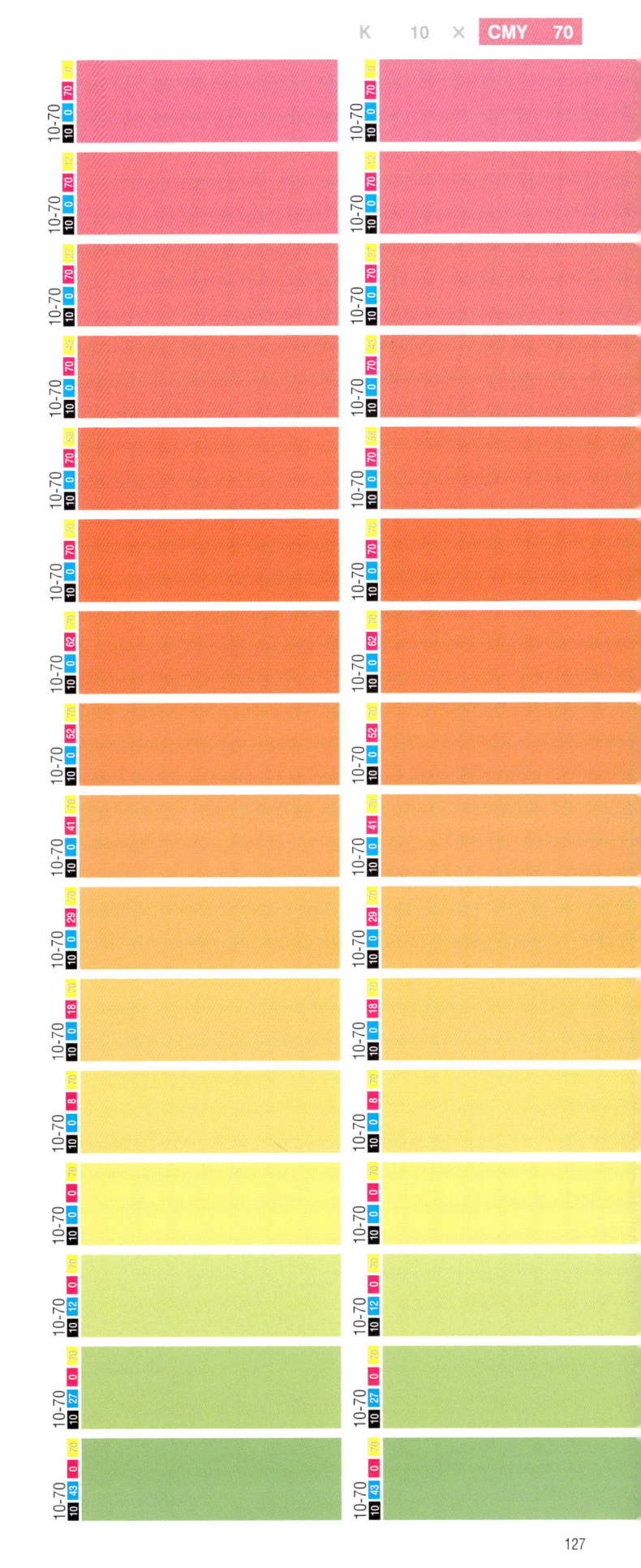

K 10 × **CMY 70**

129

K 10 × CMY 60

K 10 × CMY 60

K 10 × CMY 50

K 10 × CMY 50

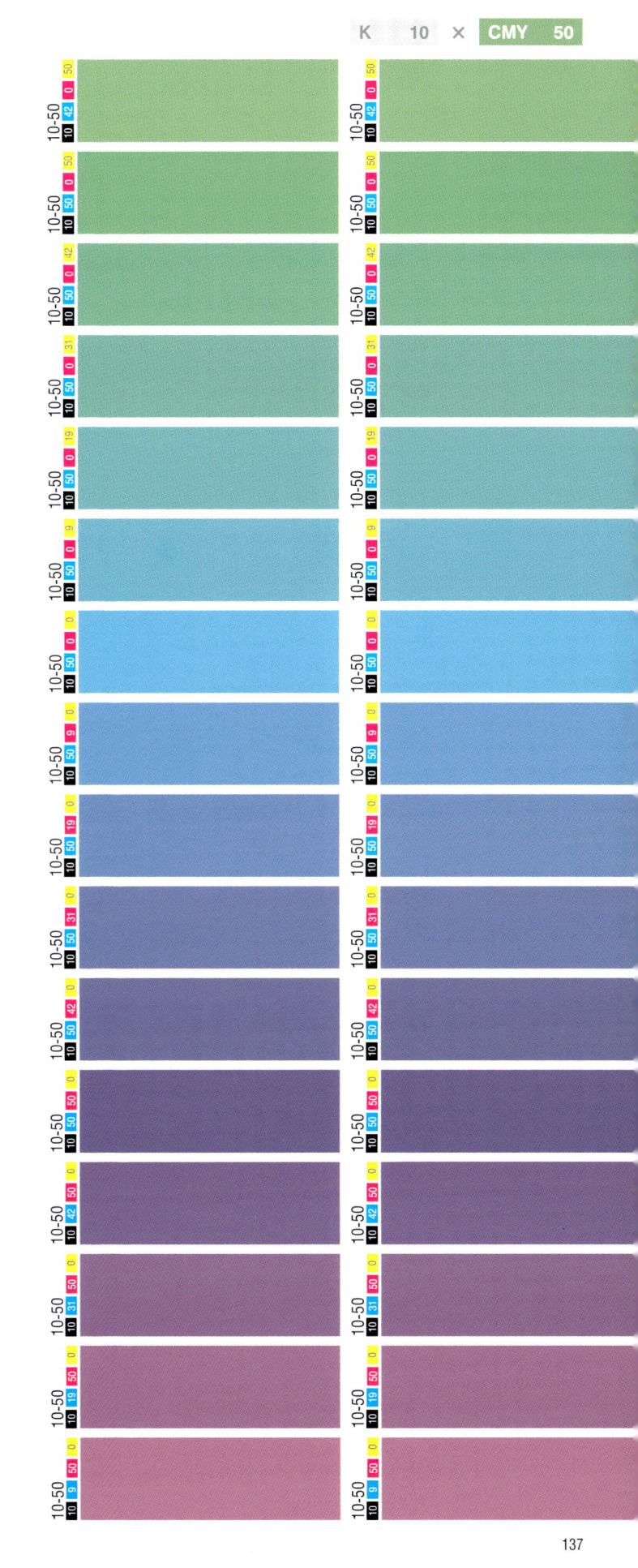

K 10 × CMY 40

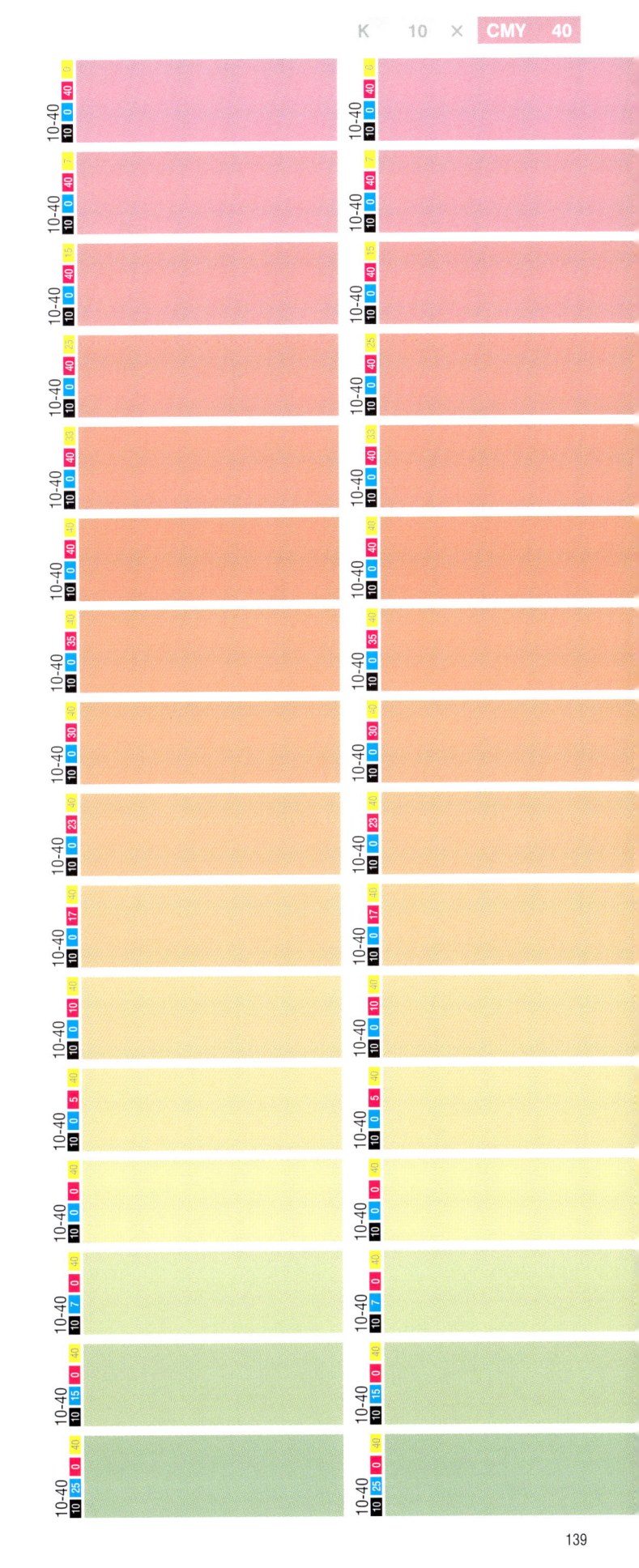

K 10 × CMY 40

K 10 × CMY 30

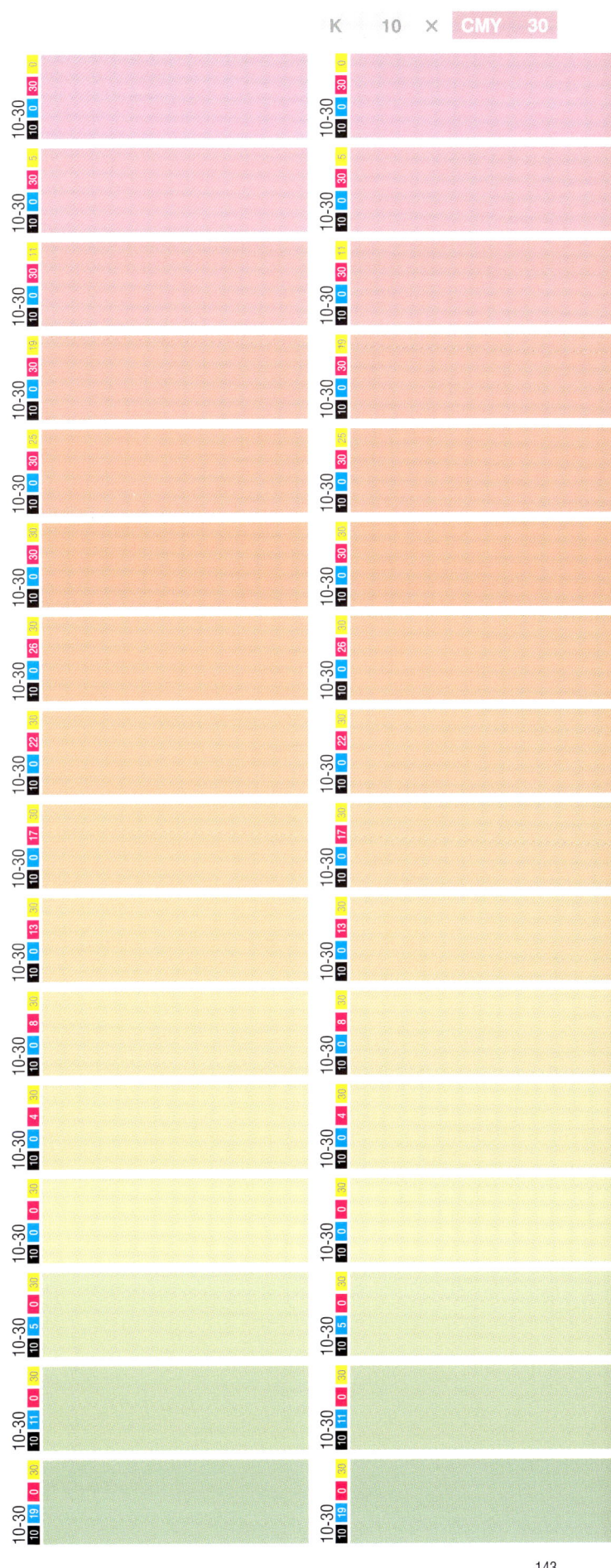

K 10 × CMY 30

K 10 × CMY 20

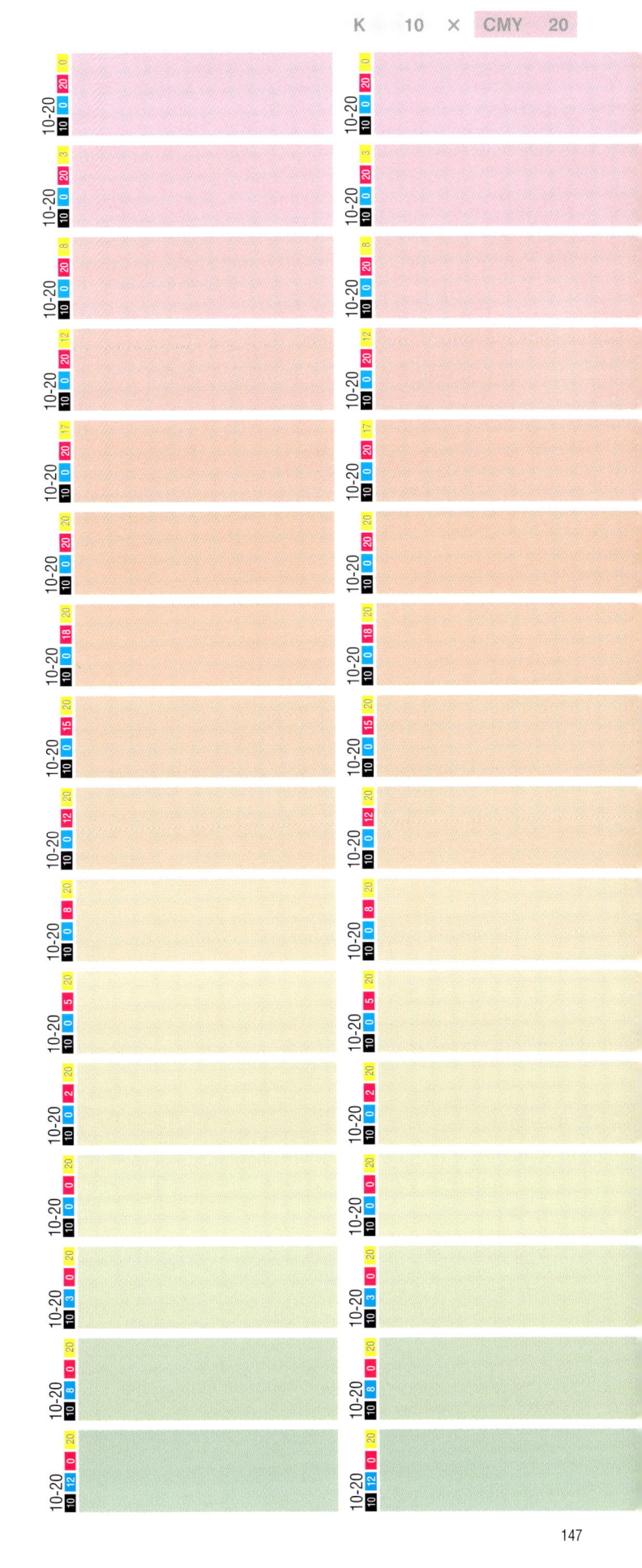

K 10 × CMY 20

K 10 × CMY 10

K 10 × CMY 5

151

K 20 × CMY 100

153

K 20 × CMY 100

K 20 × CMY 100

K 20 × CMY 100

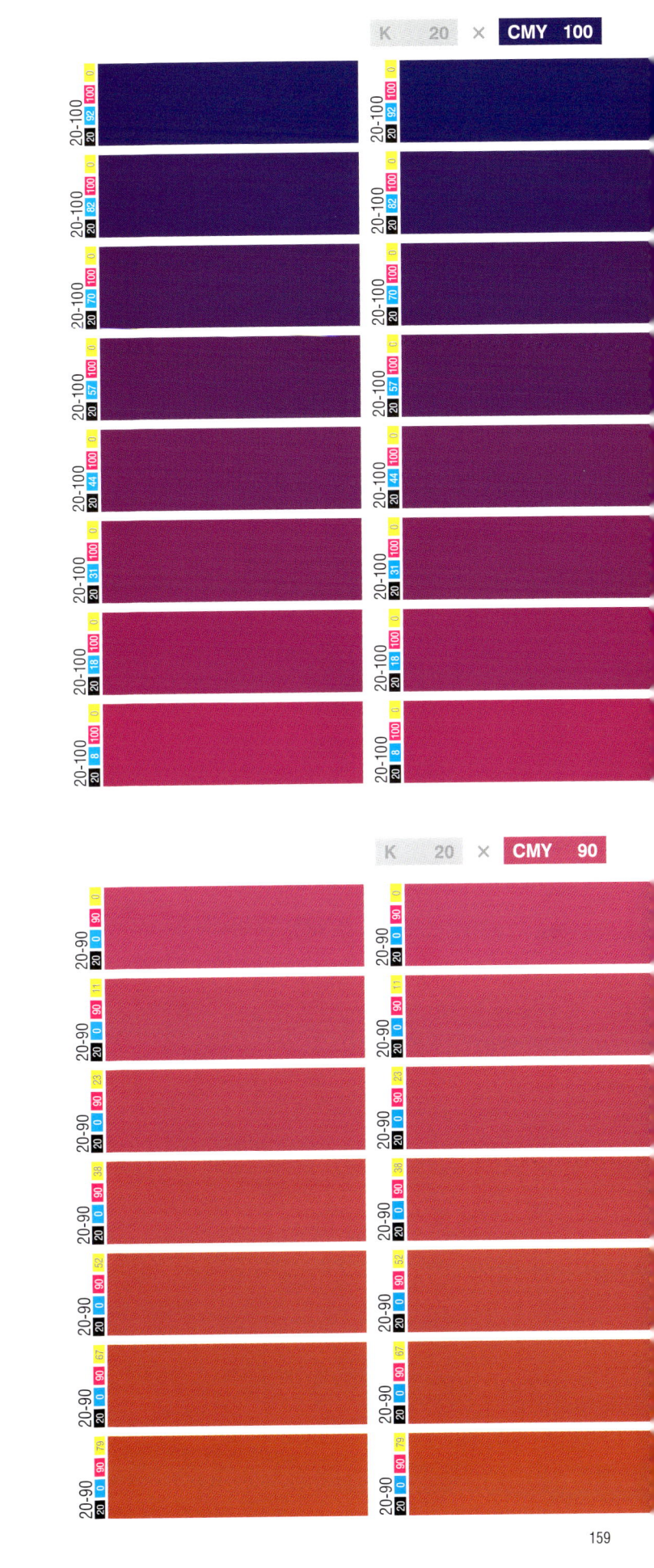

K 20 × CMY 90

K 20 × CMY 90

K 20 × CMY 90

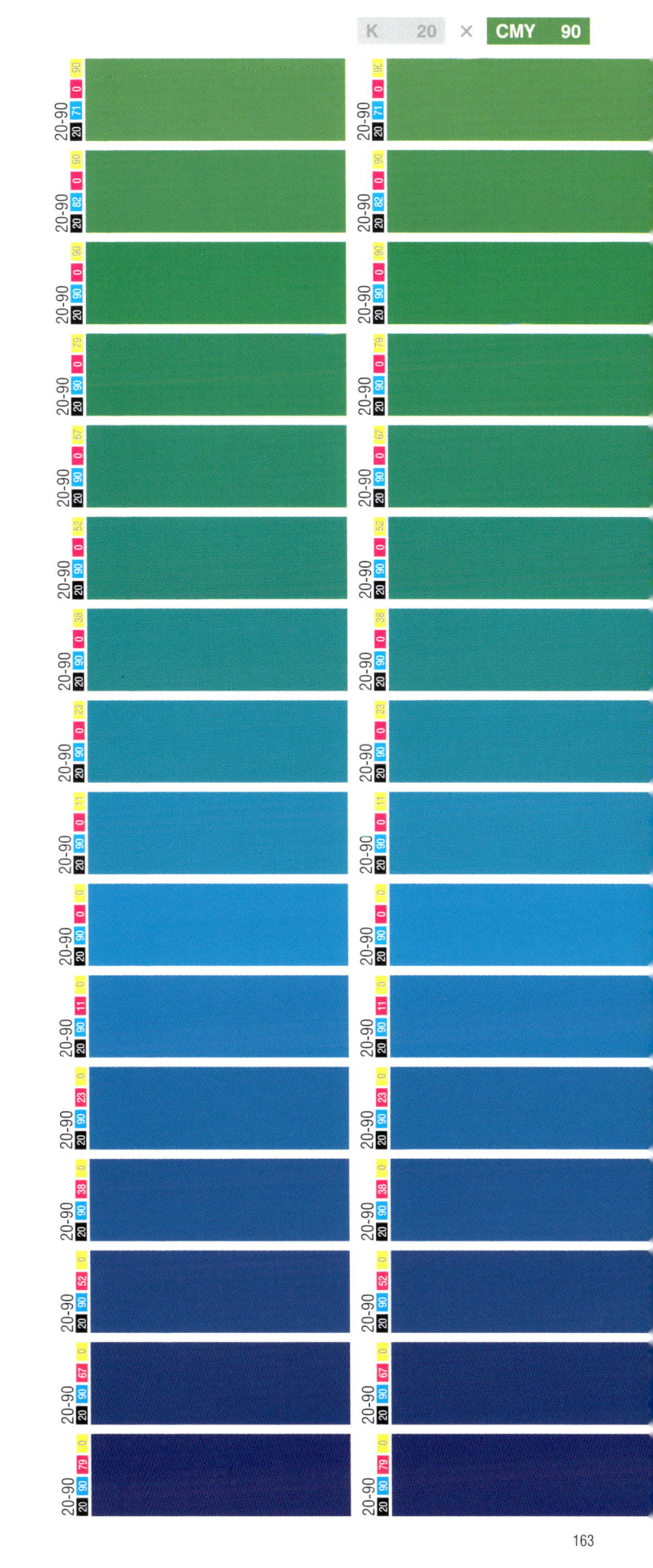

K 20 × **CMY 90**

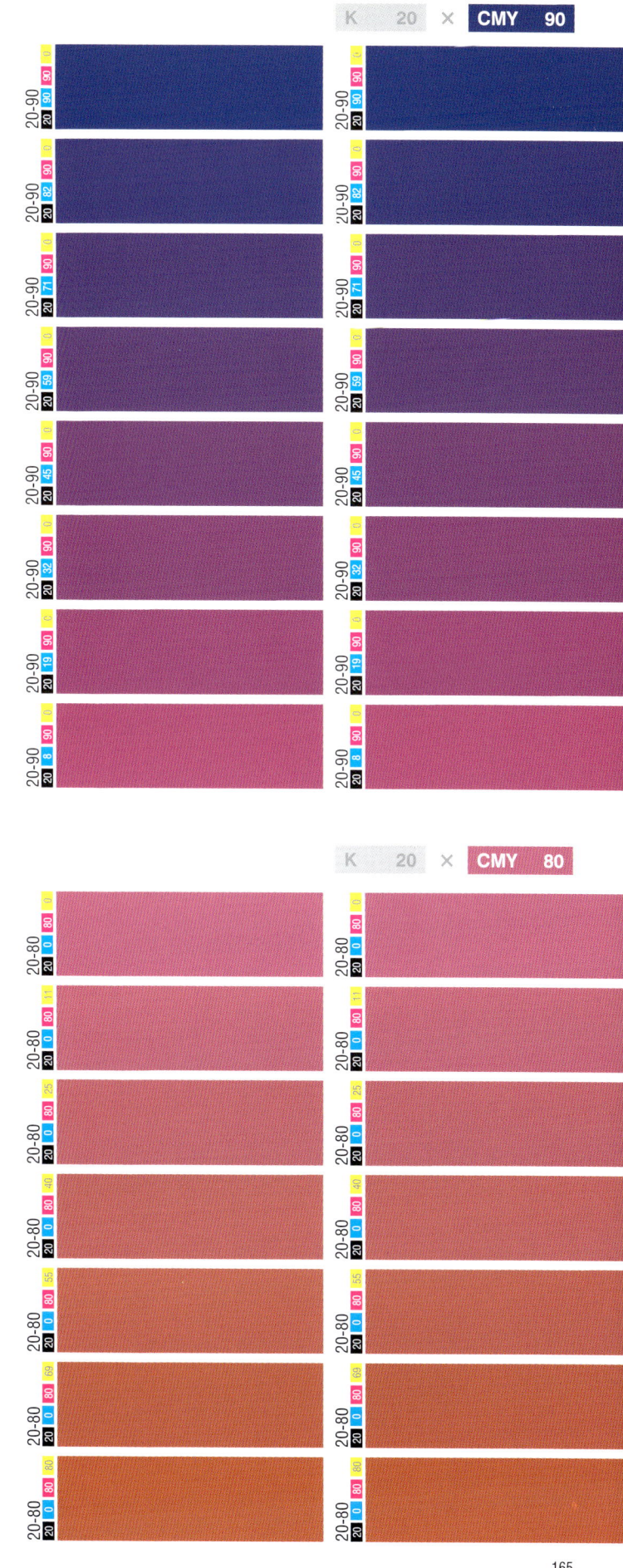

K 20 × **CMY 80**

165

K 20 × CMY 80

K 20 × **CMY 80**

K 20 × CMY 70

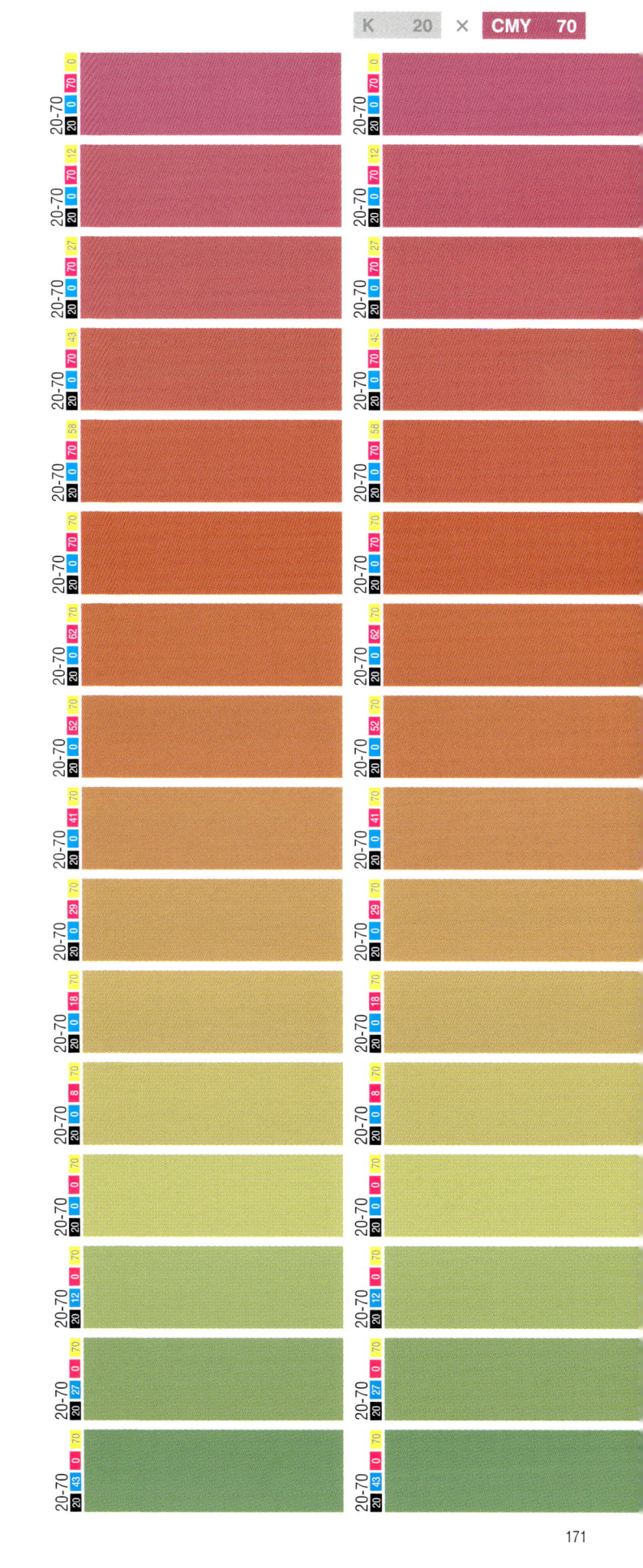

K 20 × CMY 70

K 20 × CMY 60

175

K 20 × CMY 60

K 20 × CMY 50

K 20 × CMY 50

K 20 × CMY 40

K 20 × CMY 40

K 20 × CMY 30

K 20 × CMY 30

K 20 × CMY 20

K 20 × CMY 10

K 20 × CMY 5

195

K 30 × CMY 100

K 30 × CMY 100

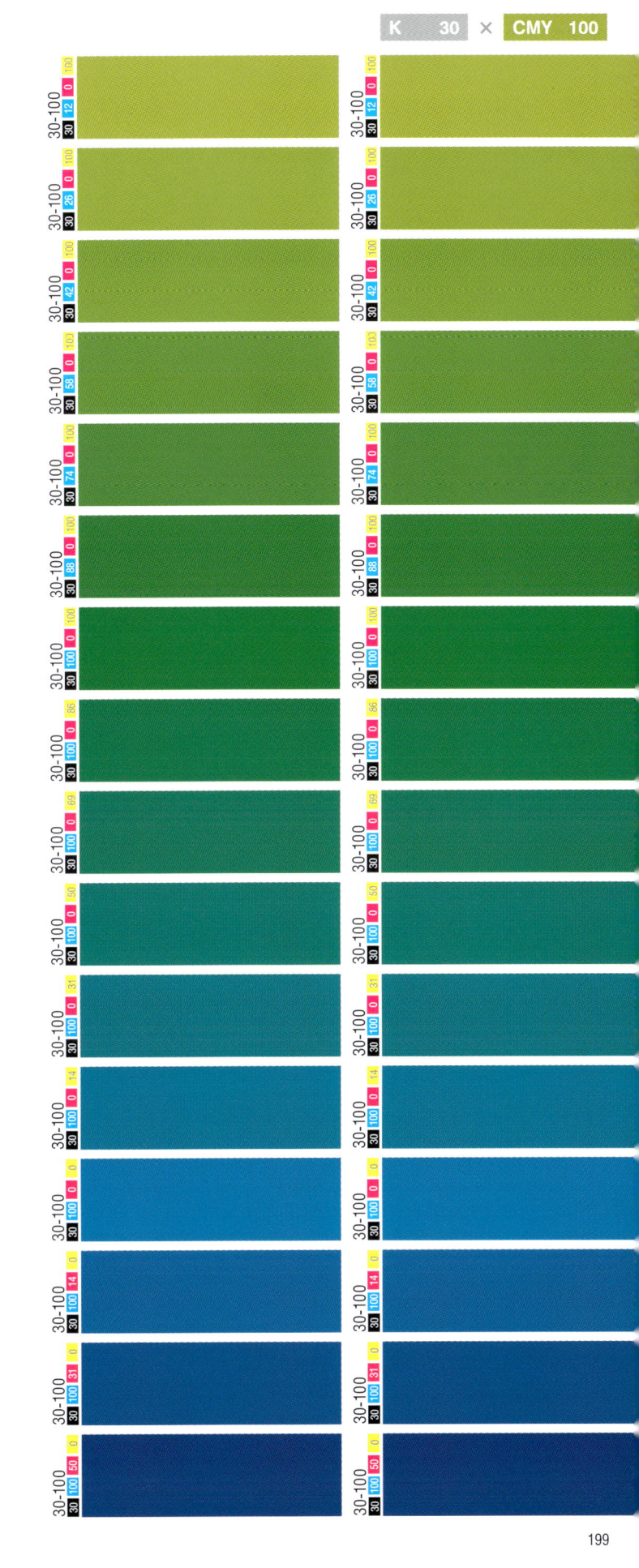

K 30 × CMY 100

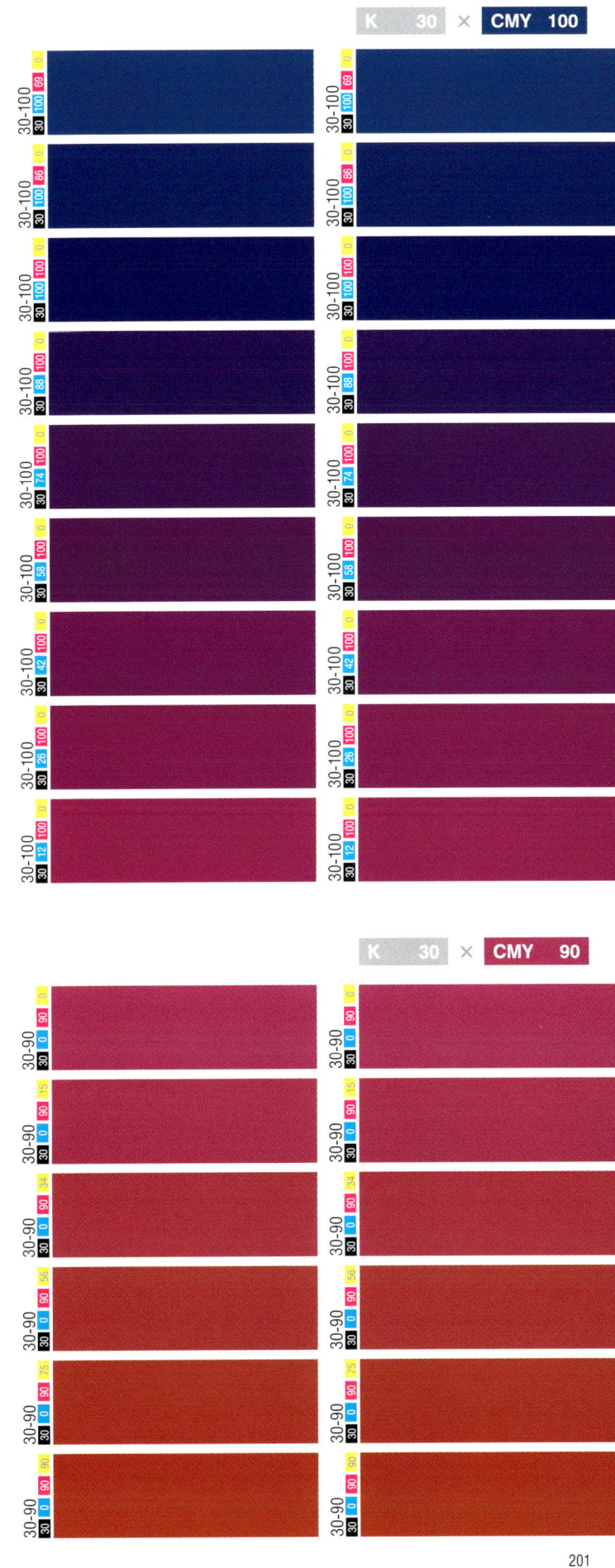

201

K 30 × CMY 90

203

K 30 × CMY 90

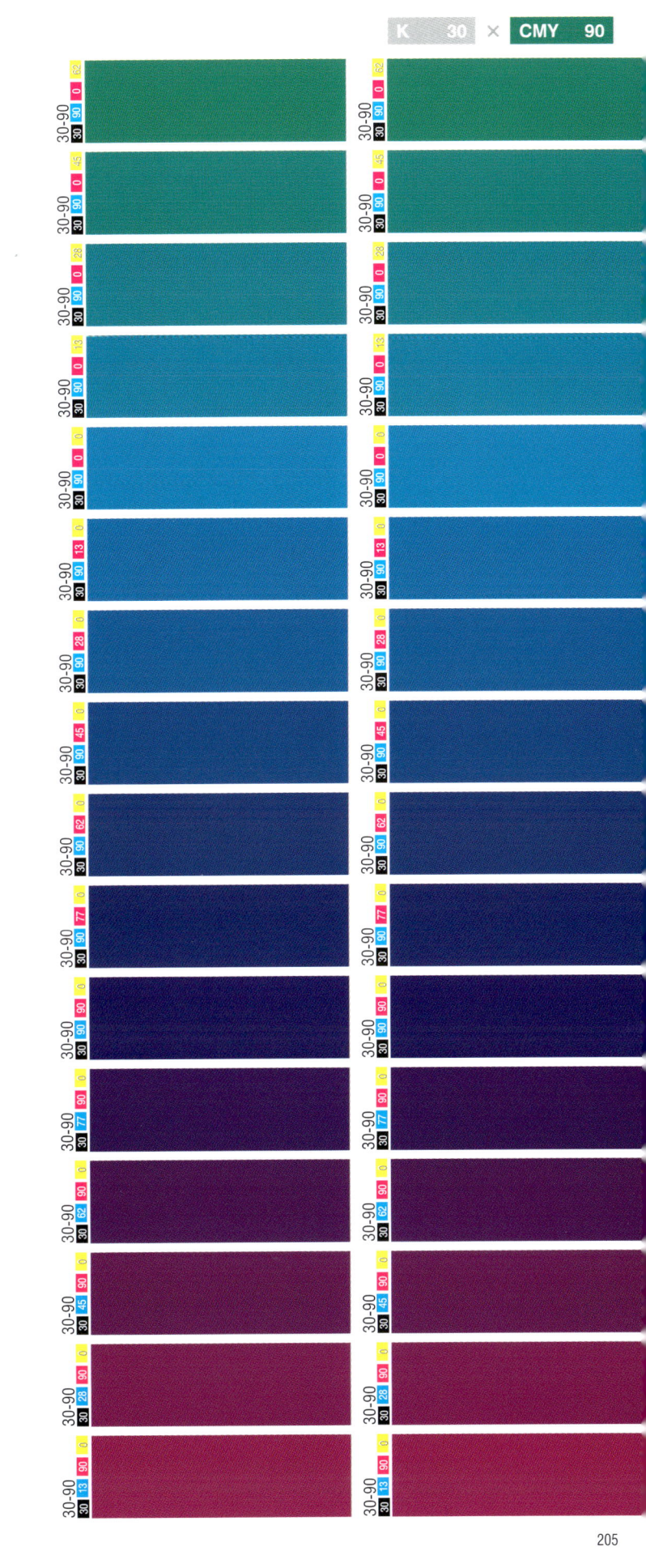

K 30 × CMY 80

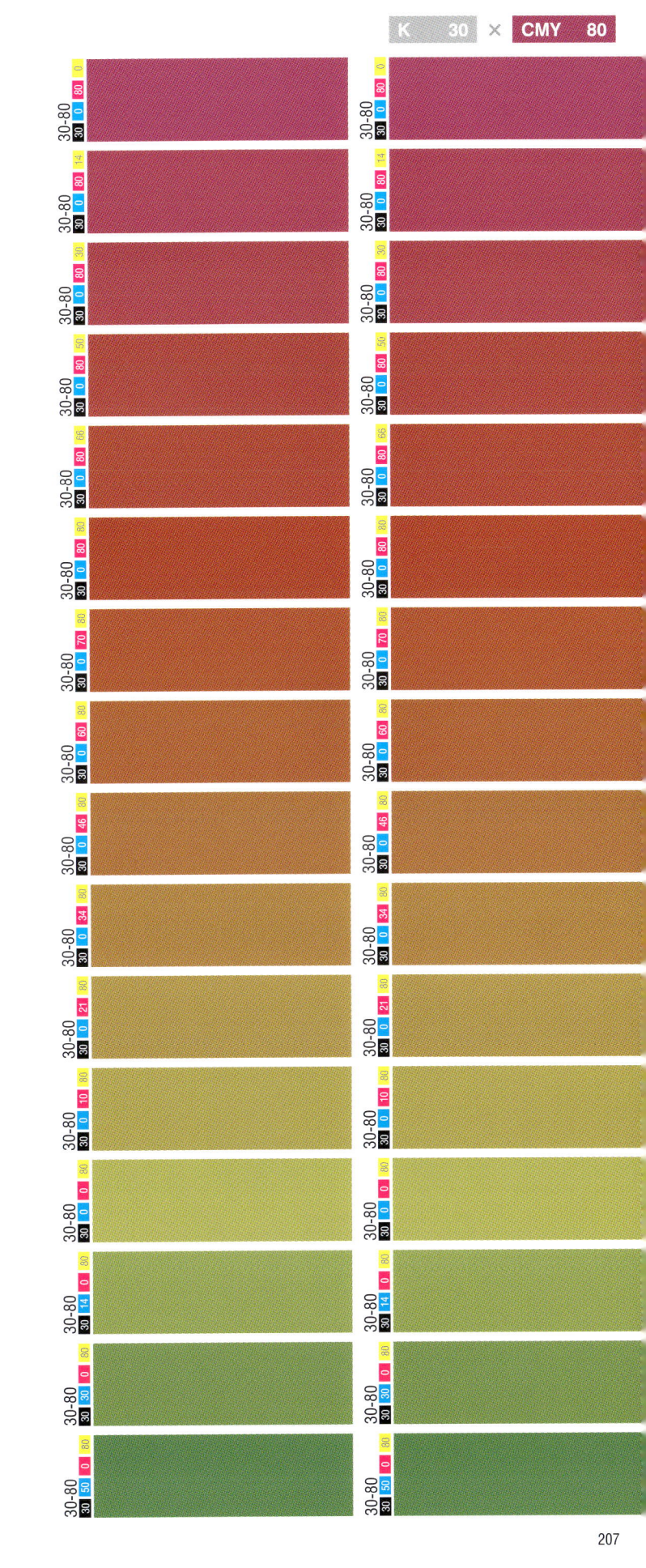

207

K 30 × CMY 80

K 30 × CMY 70

K 30 × CMY 70

213

K 30 × CMY 60

217

K 30 × CMY 50

K 30 × CMY 40

K 30 × CMY 40

K 30 × CMY 30

K 30 × CMY 20

K 30 × CMY 20

K 30 × **CMY** 10

30-10 / 30 0 10	30-10 / 30 0 10
30-10 / 30 0 5	30-10 / 30 0 5
30-10 / 30 0 0	30-10 / 30 0 0
30-10 / 30 0 5 (Y)	30-10 / 30 0 5 (Y)
30-10 / 30 0 10 (Y top)	30-10 / 30 0 10
30-10 / 30 5 10	30-10 / 30 5 10
30-10 / 30 0 10	30-10 / 30 0 10
30-10 / 30 10 5	30-10 / 30 10 5
30-10 / 30 10 0	30-10 / 30 10 0
30-10 / 30 10 5	30-10 / 30 10 5
30-10 / 30 10 10	30-10 / 30 10 10
30-10 / 30 5 10	30-10 / 30 5 10

K 30 × **CMY** 5

30-5 / 30 0 5	30-5 / 30 0 5
30-5 / 30 0 0	30-5 / 30 0 0
30-5 / 30 5 0	30-5 / 30 5 0

235

K 40 × CMY 100

K 40 × CMY 100

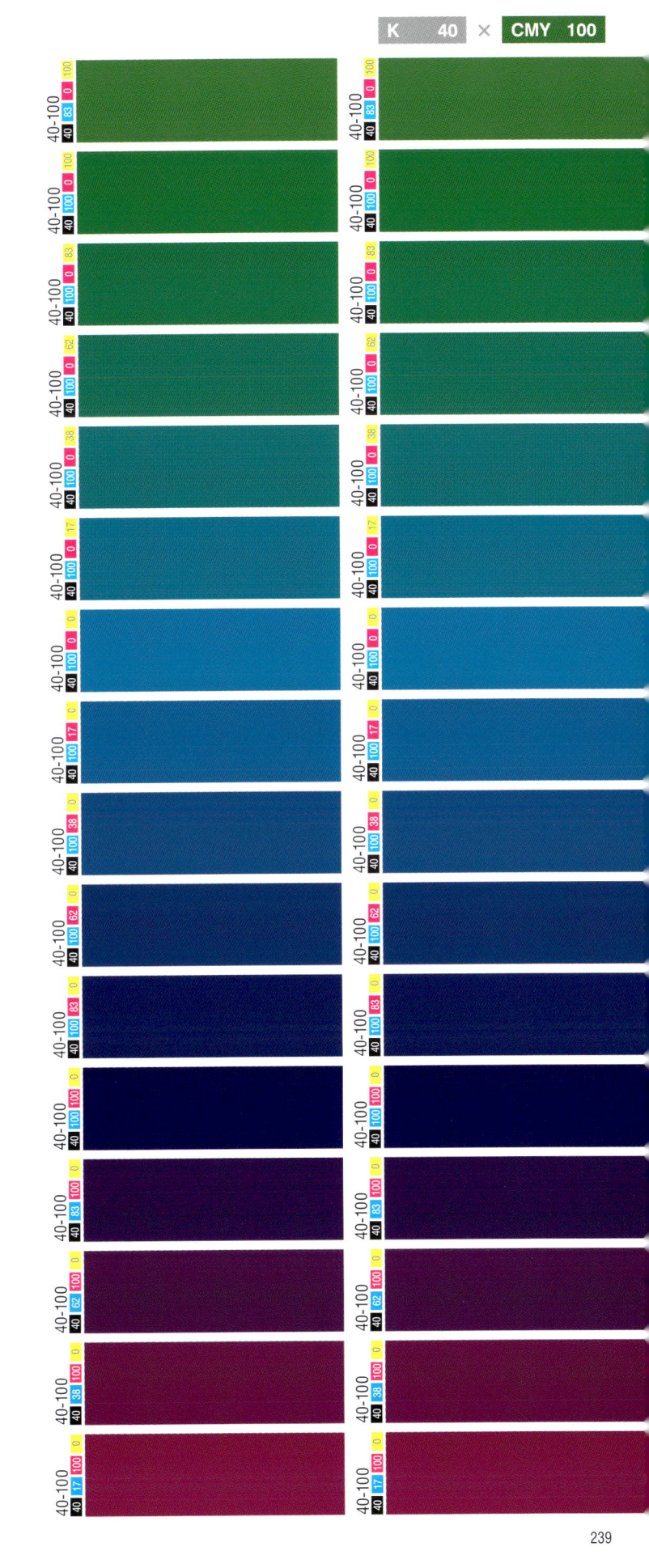

K 40 × CMY 90

K 40 × CMY 90

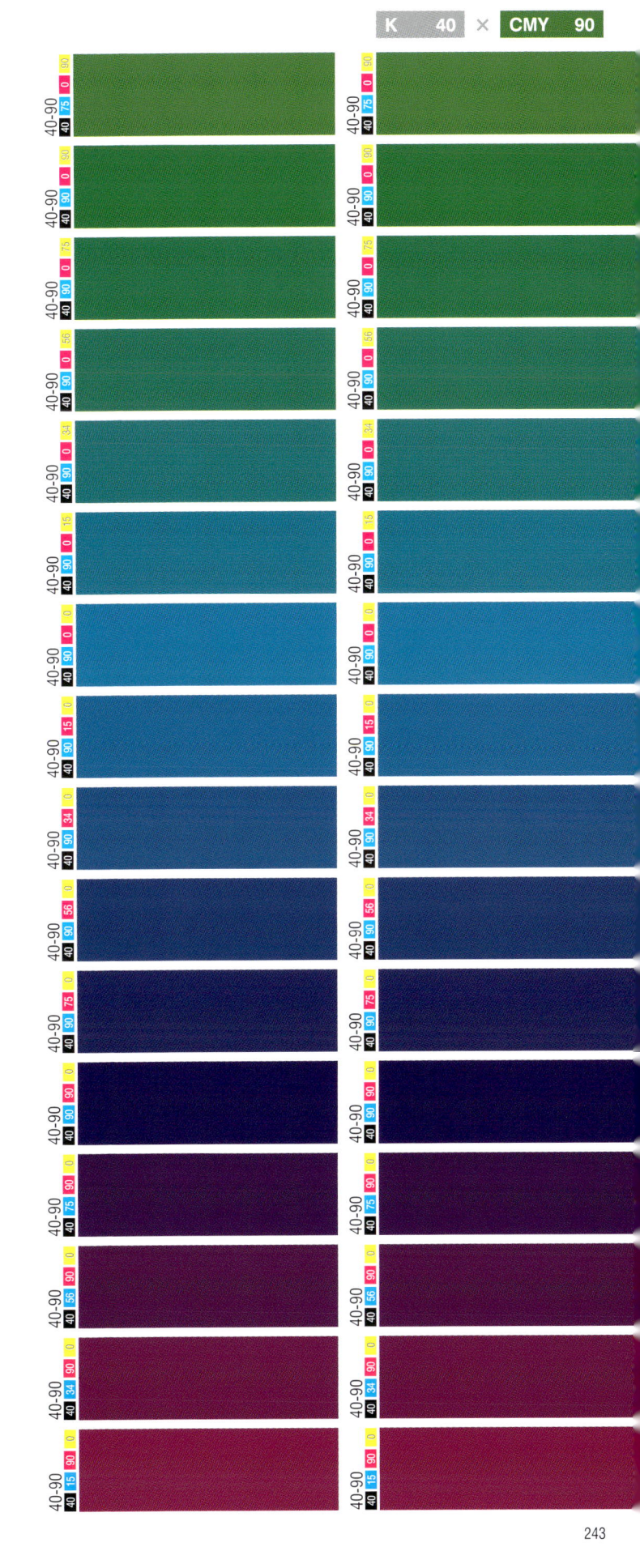

K 40 × CMY 80

K 40 × CMY 80

K 40 × CMY 70

K 40 × CMY 70

K 40 × CMY 60

K 40 × CMY 60

K 40 × CMY 50

K 40 × CMY 50

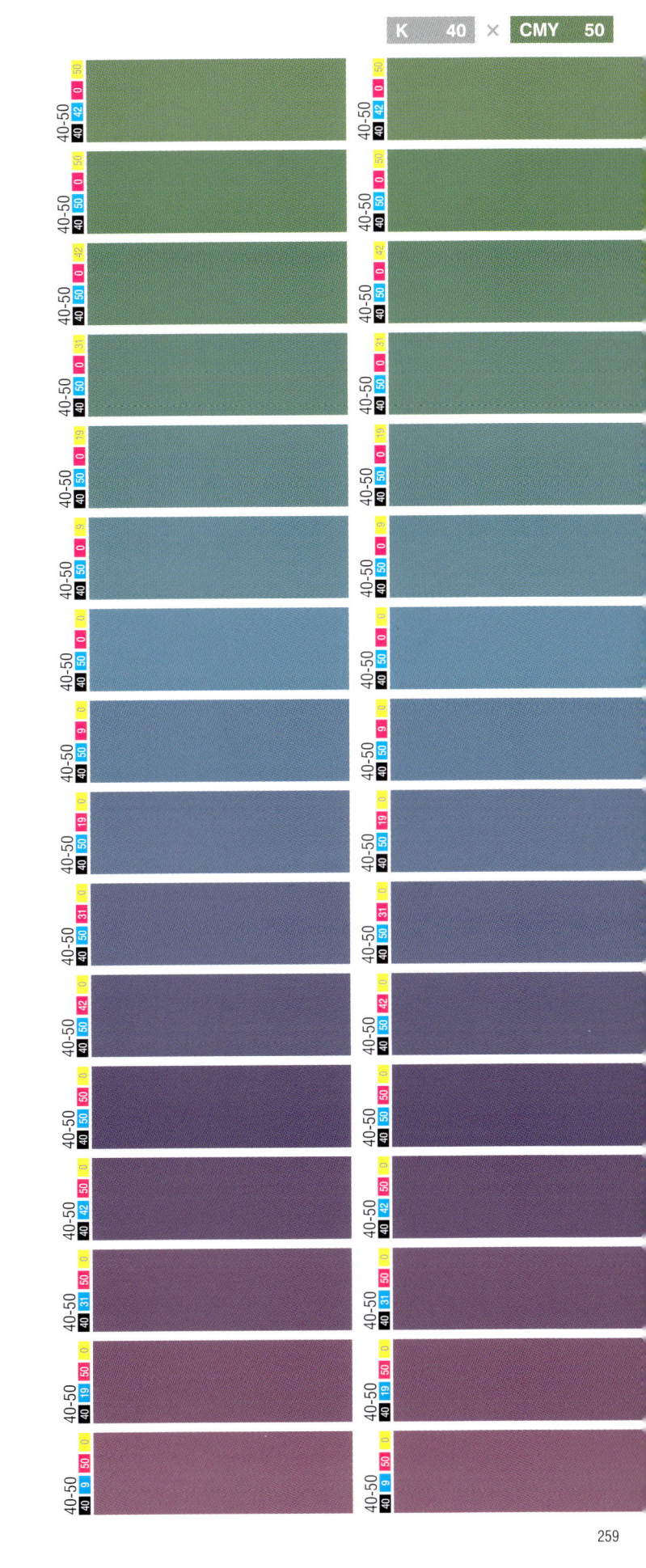

K 40 × CMY 40

K 40 × CMY 40

K 40 × CMY 30

K 40 × CMY 30

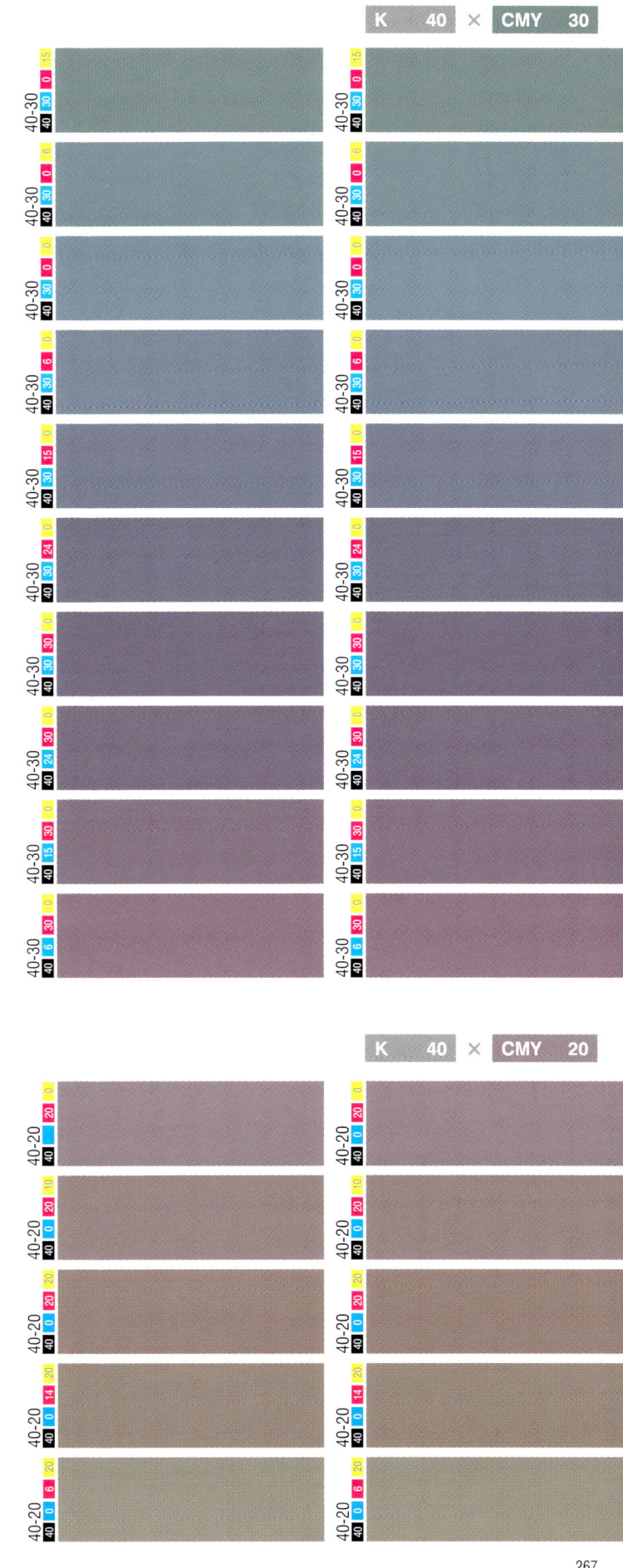

K 40 × CMY 20

K 40 × CMY 20

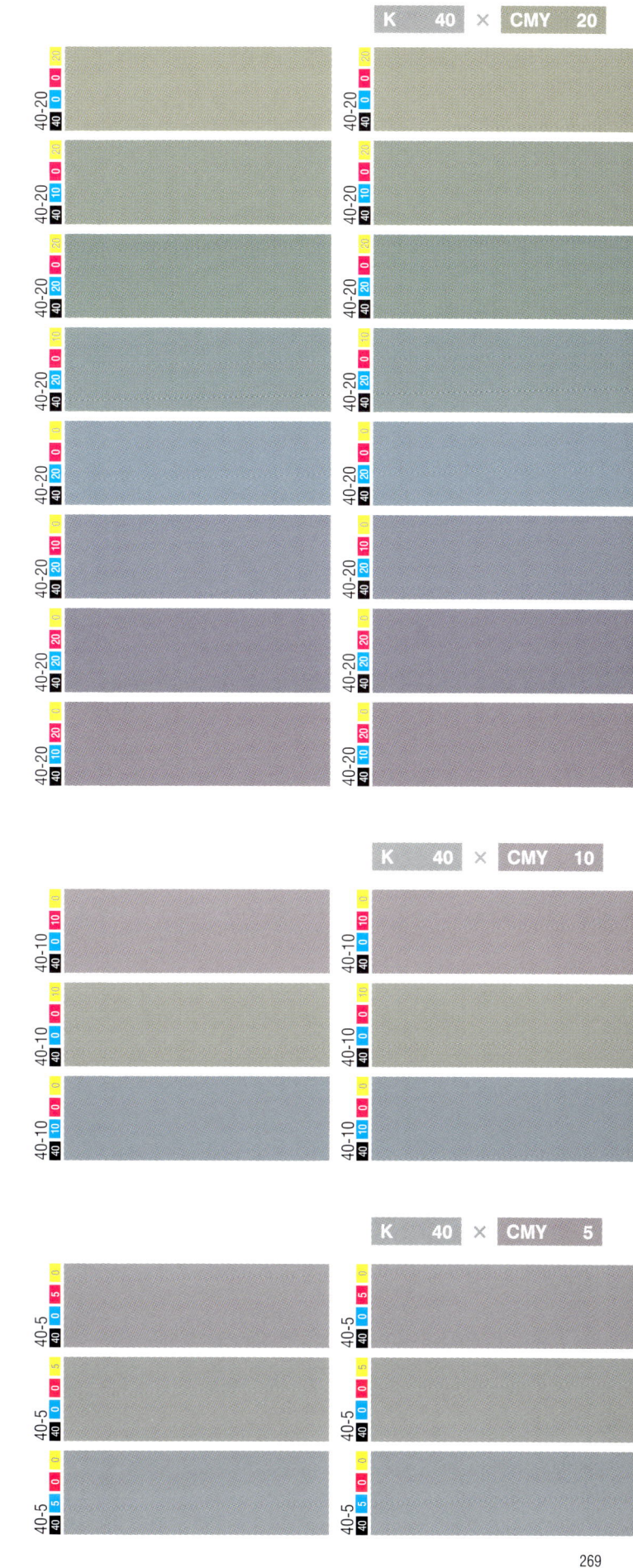

K 40 × CMY 10

K 40 × CMY 5

K 50 × CMY 100

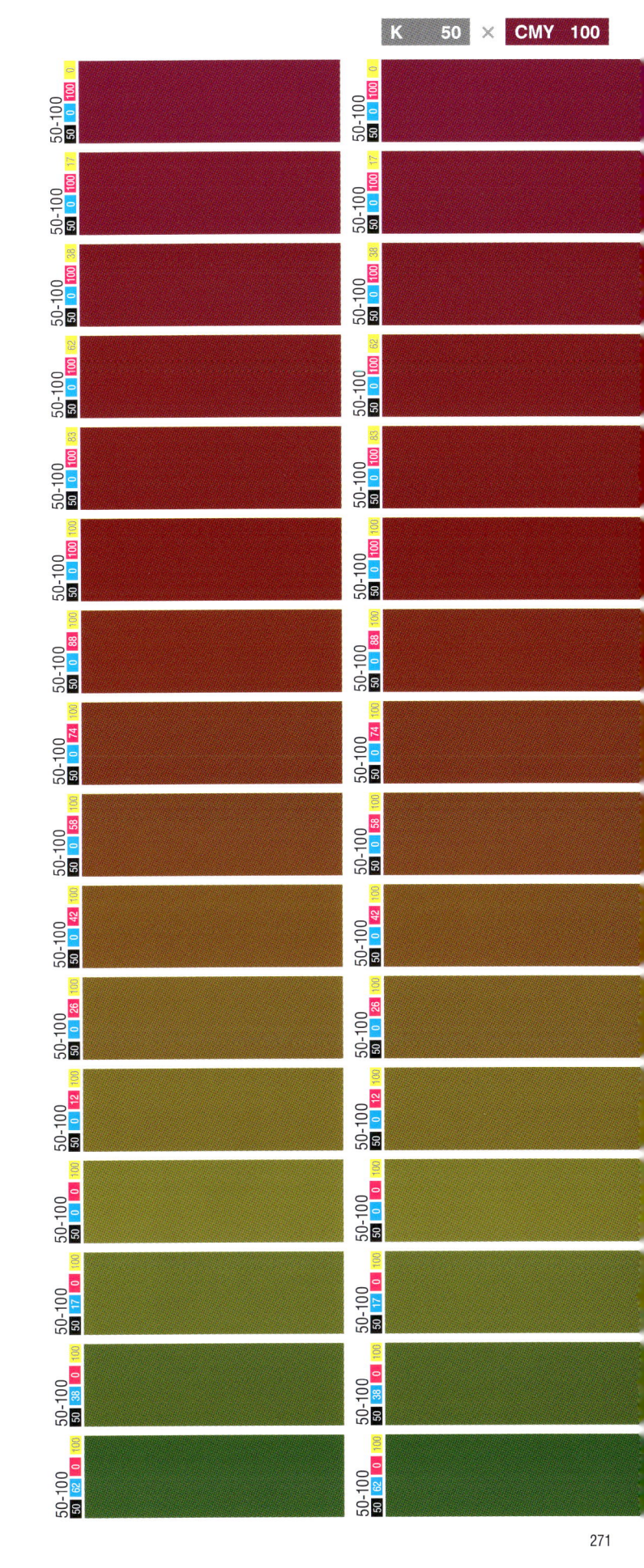

K 50 × CMY 100

K 50 × CMY 90

K 50 × CMY 90

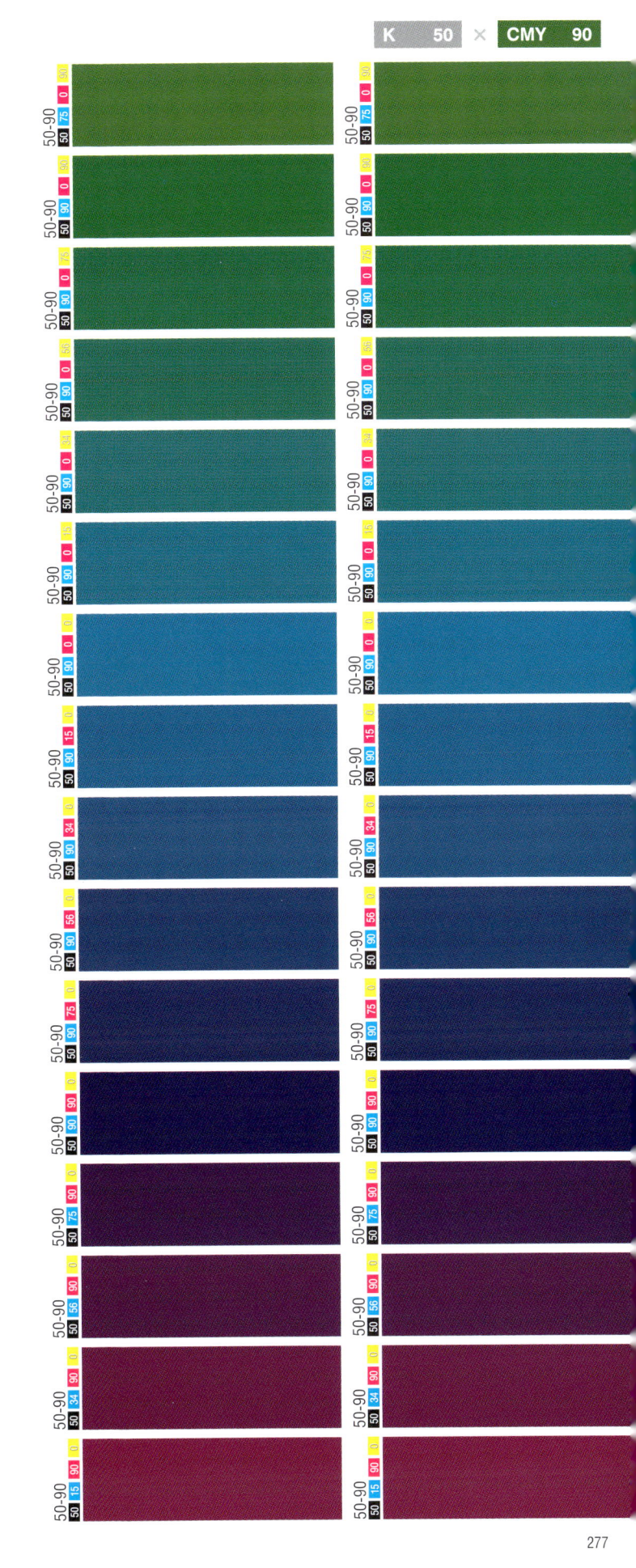

K 50 × CMY 80

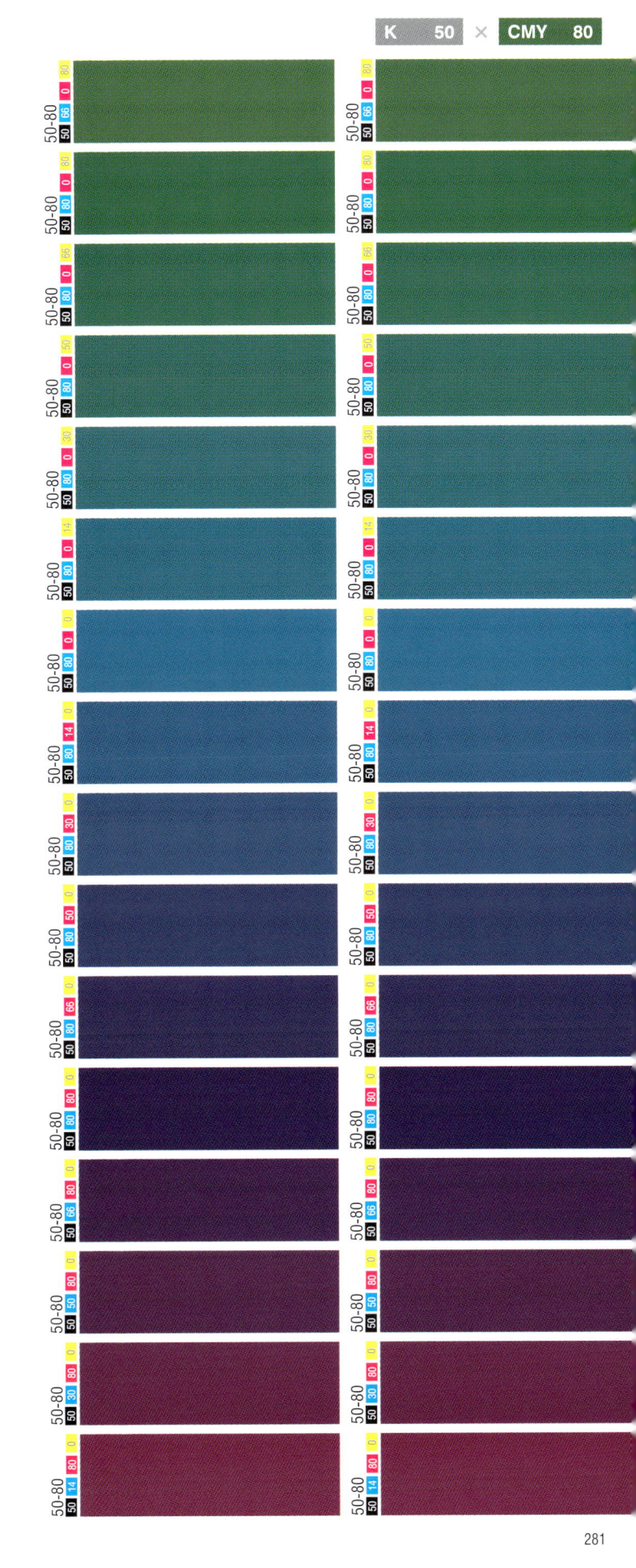

K 50 × CMY 70

K 50 × CMY 70

K 50 × CMY 60

287

K 50 × CMY 60

K 50 × CMY 50

K 50 × CMY 50

K 50 × CMY 40

K 50 × CMY 40

50-40 / 50 40 28	50-40 / 50 40 28
50-40 / 50 40 0	50-40 / 50 40 0
50-40 / 50 28 0	50-40 / 50 28 0
50-40 / 50 12 0	50-40 / 50 12 0

K 50 × CMY 30

50-30 / 50 0 30	50-30 / 50 0 30
50-30 / 50 0 30 (15)	50-30 / 50 0 30 (15)
50-30 / 50 0 30	50-30 / 50 0 30
50-30 / 50 0 21	50-30 / 50 0 21
50-30 / 50 0 9	50-30 / 50 0 9
50-30 / 50 0 0	50-30 / 50 0 0
50-30 / 50 9 0	50-30 / 50 9 0
50-30 / 50 21 0	50-30 / 50 21 0
50-30 / 50 30 0	50-30 / 50 30 0
50-30 / 50 30 0 (15)	50-30 / 50 30 0 (15)
50-30 / 50 30 0	50-30 / 50 30 0

K 50 × CMY 30

K 50 × CMY 20

K 50 × CMY 10

K 60 × CMY 100

K 60 × CMY 100

K 60 × CMY 90

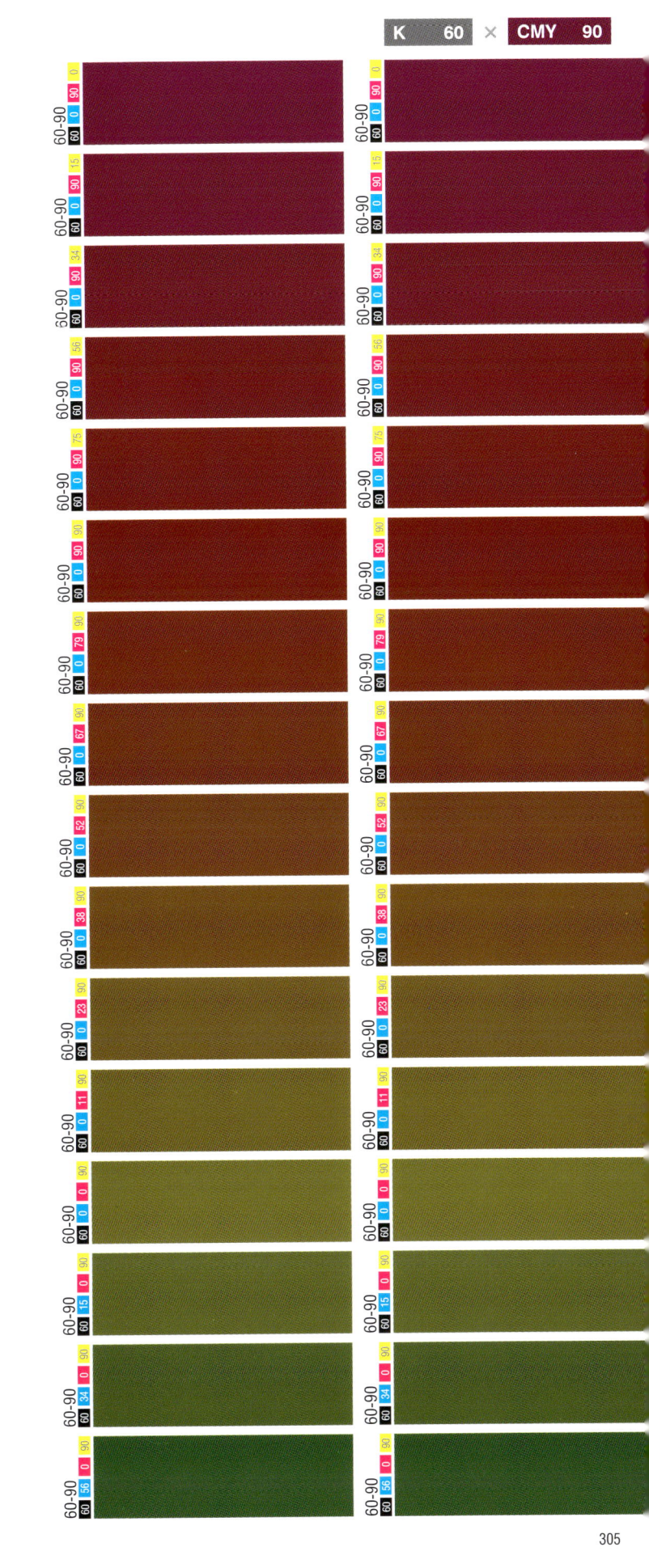

K 60 × CMY 90

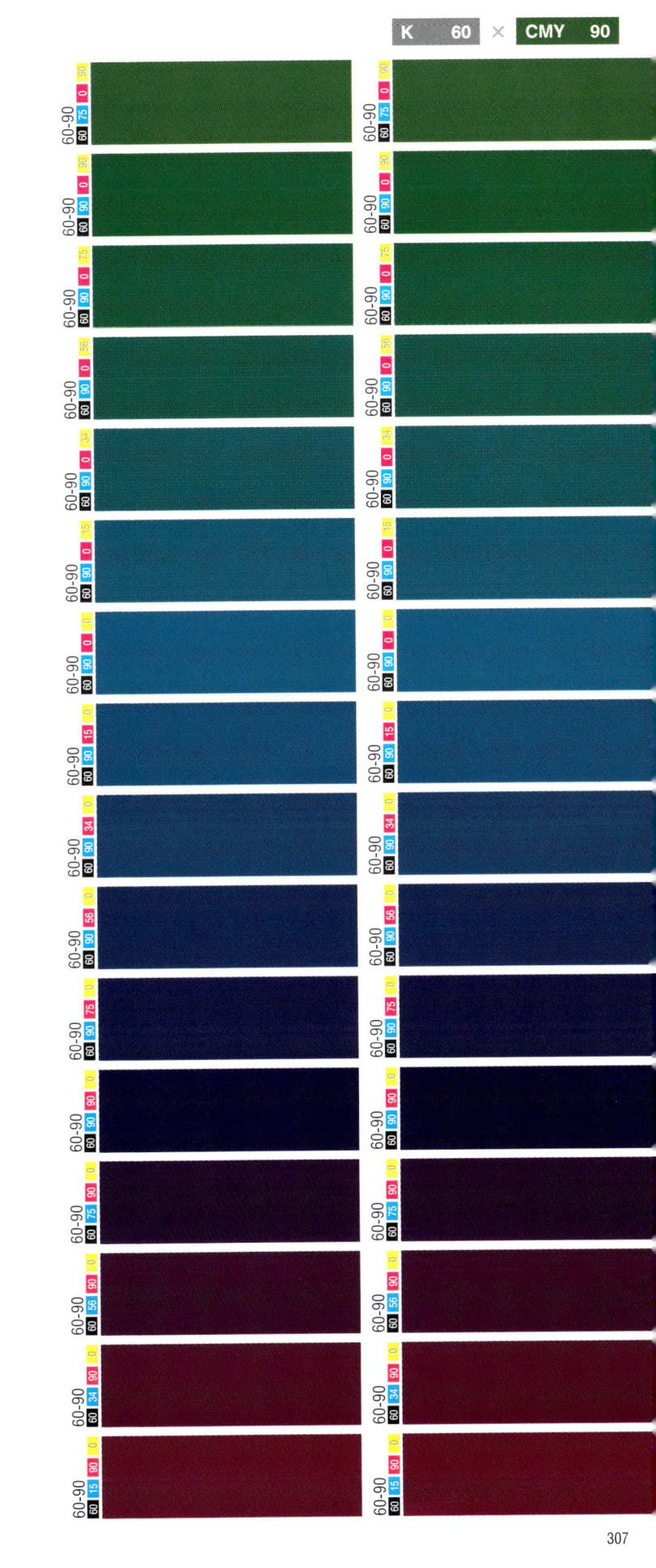

307

K 60 × CMY 80

K 60 × CMY 80

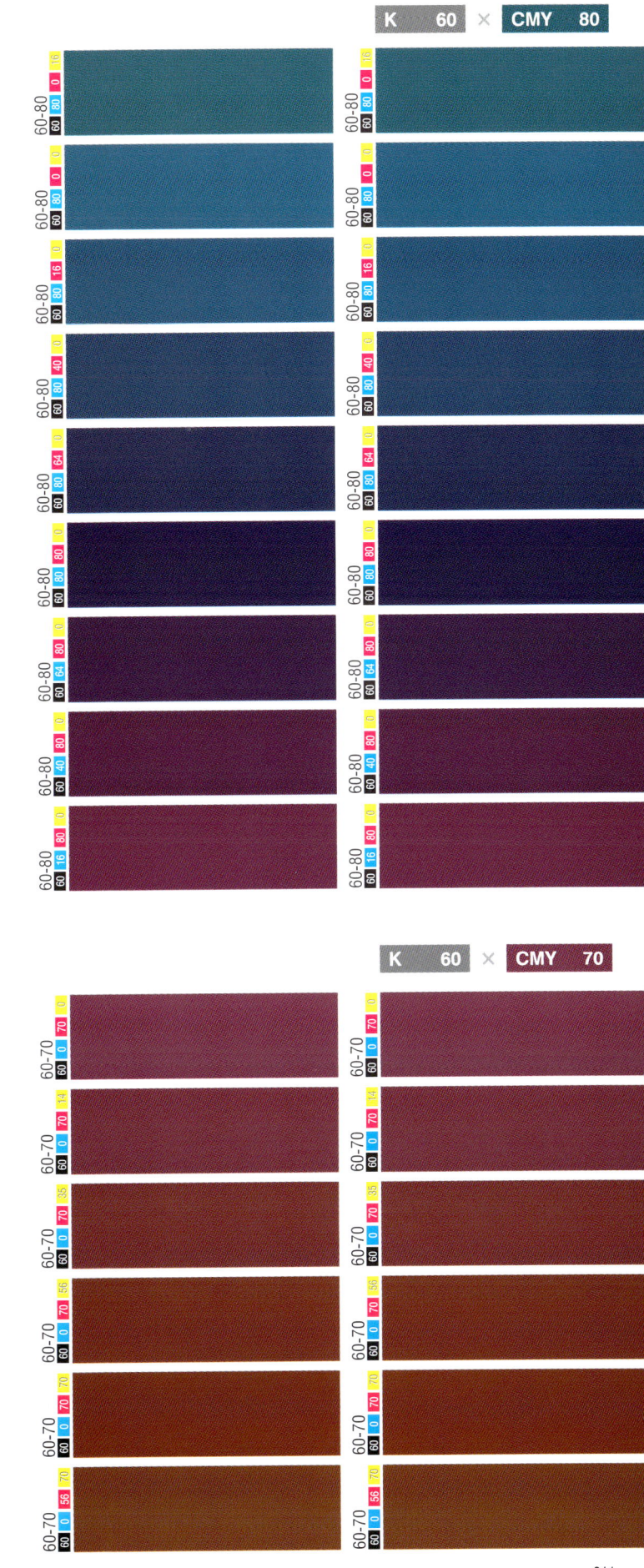

K 60 × CMY 70

K 60 × CMY 70

K 60 × CMY 70

K 60 × CMY 50

K 60 × CMY 50

K 60 × CMY 40

K 60 × CMY 40

K 60 × CMY 30

K 60 × CMY 30

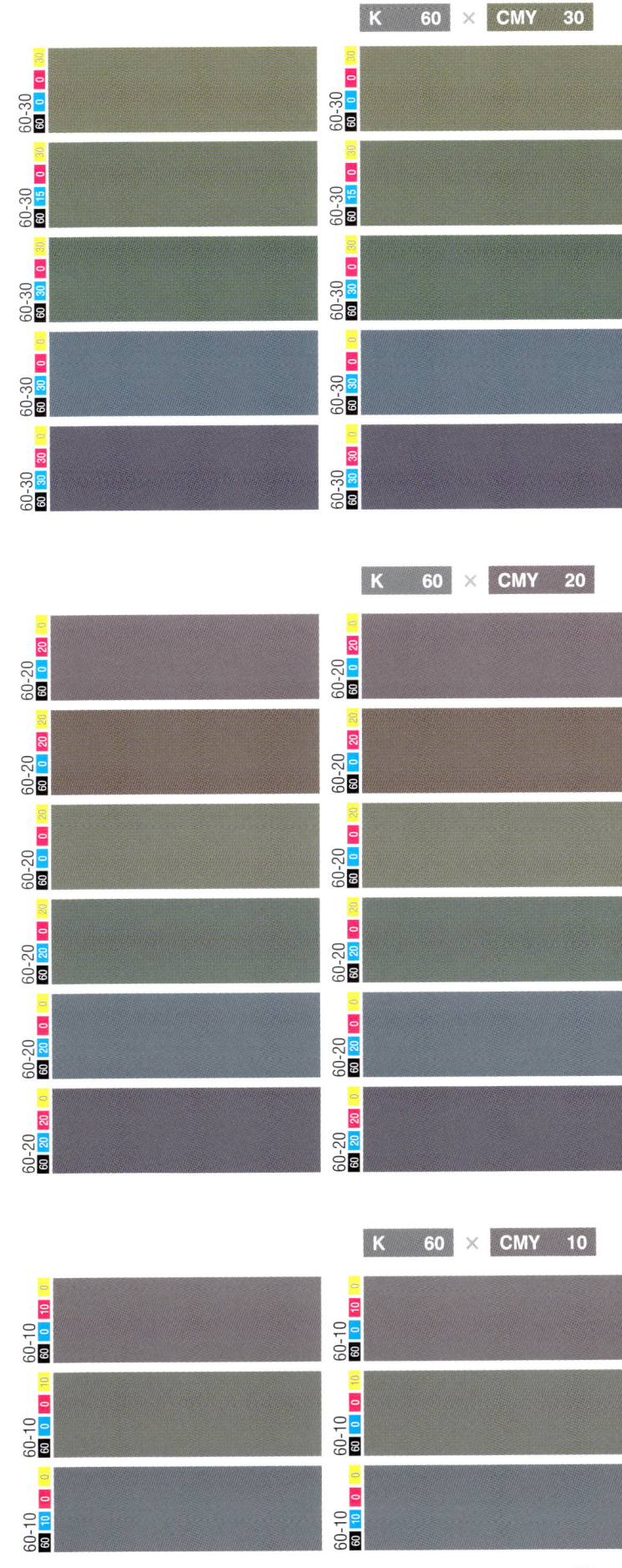

K 60 × CMY 20

K 60 × CMY 10

K 70 × CMY 100

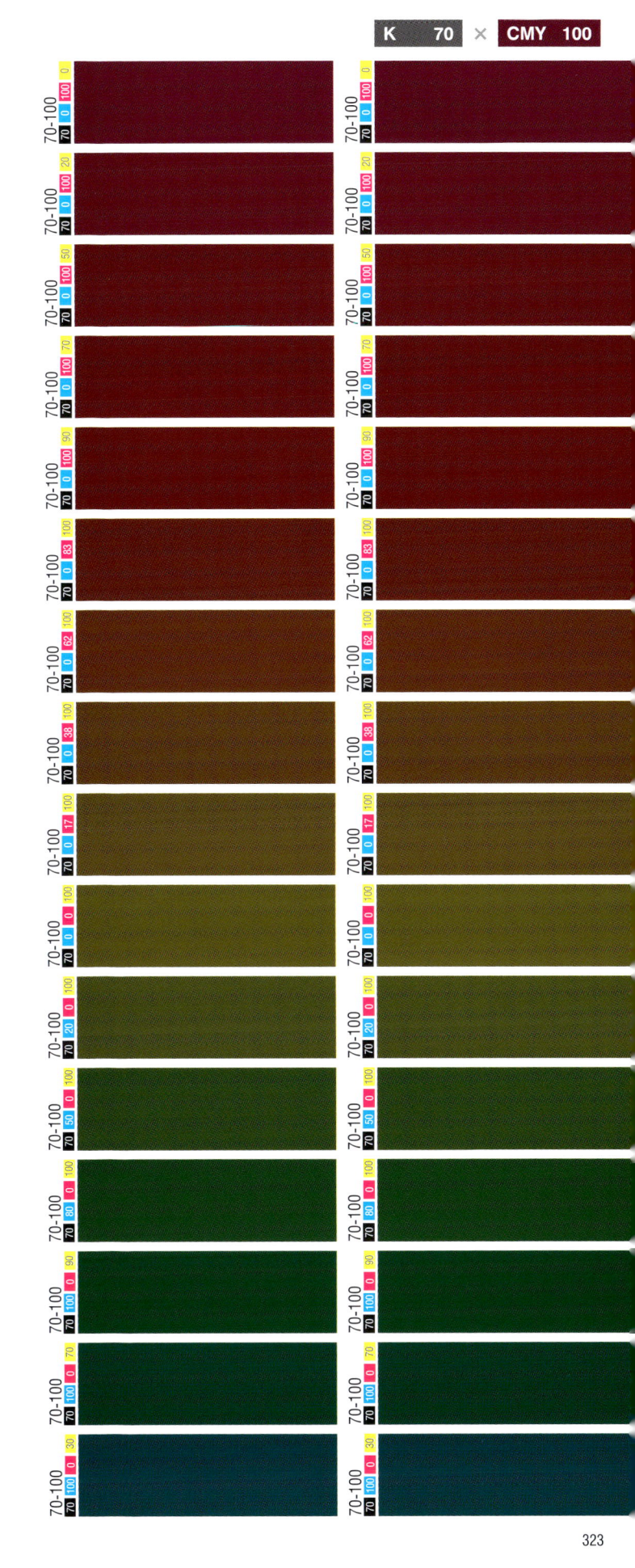

K 70 × CMY 100

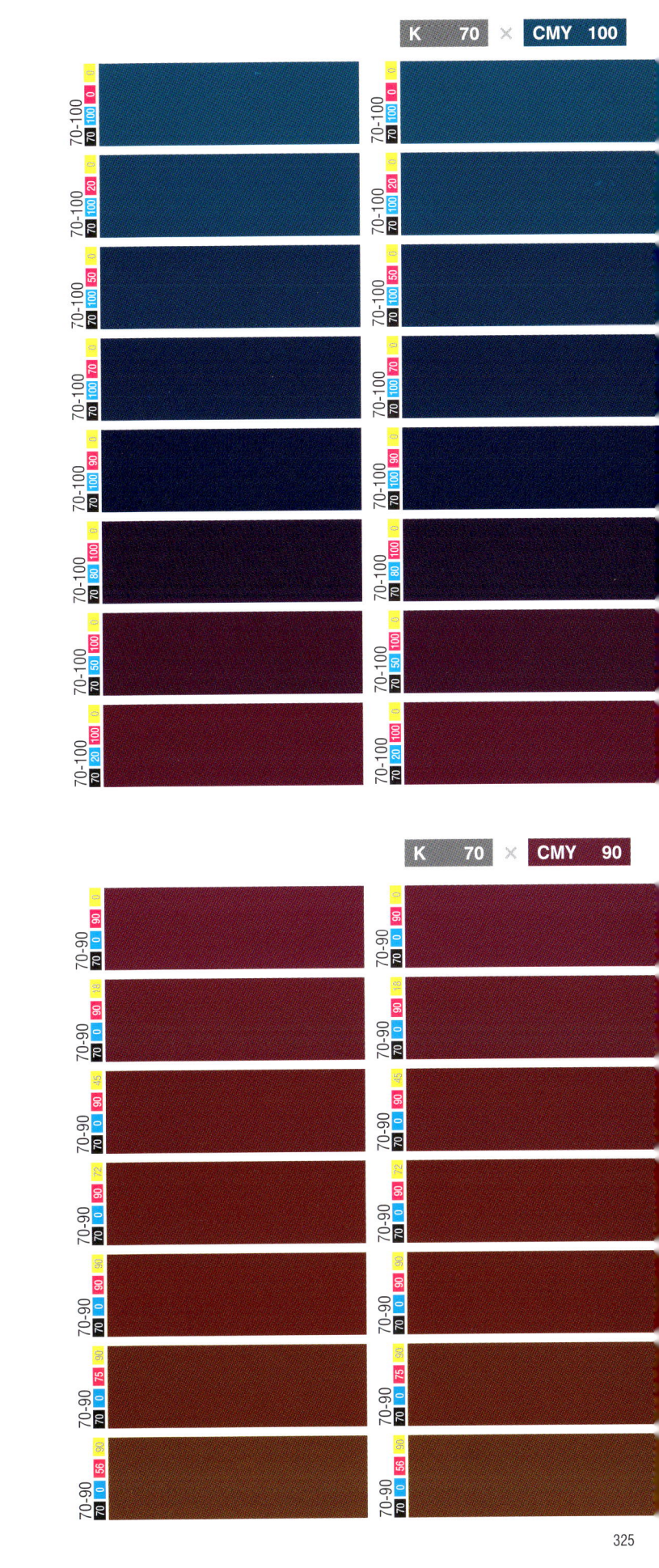

K 70 × CMY 90

K 70 × CMY 90

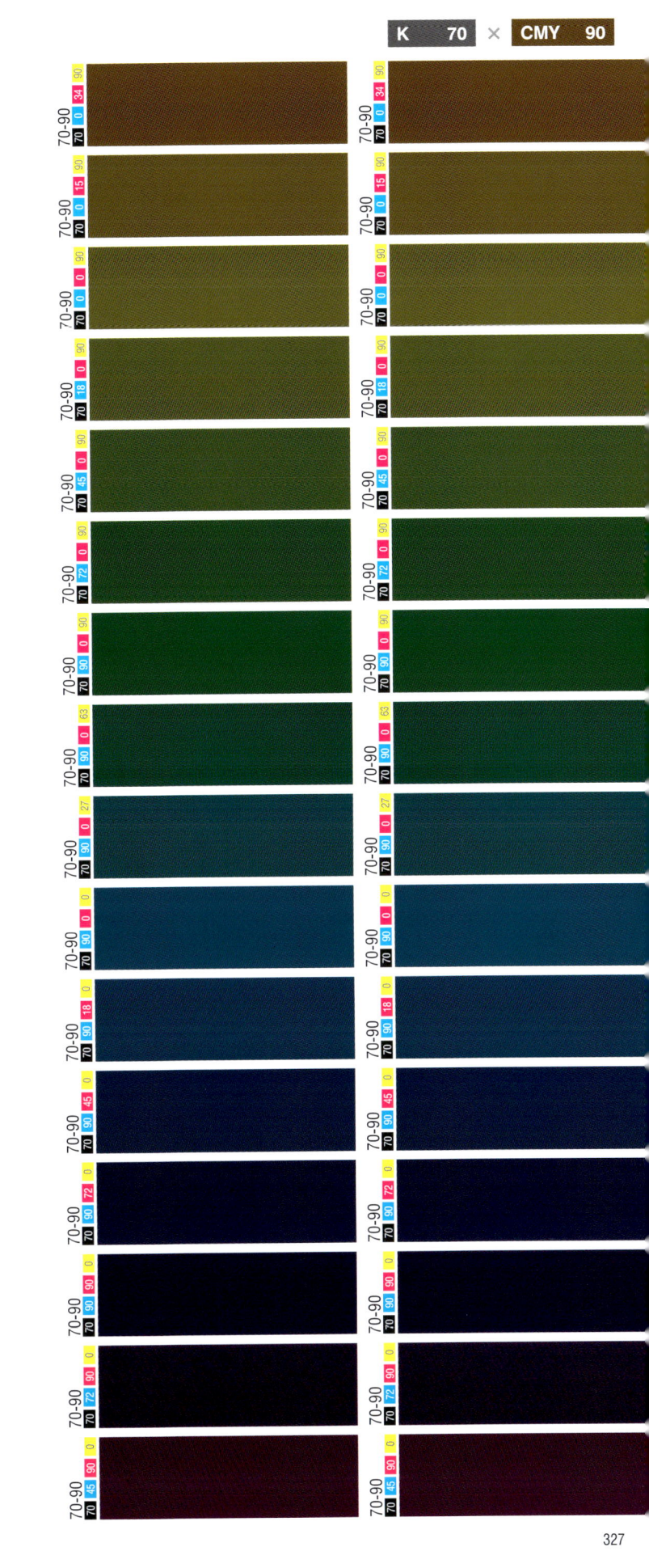

K 70 × CMY 90

K 70 × CMY 80

K 70 × CMY 80

K 70 × CMY 70

K 70 × CMY 50

K 70 × CMY 30

K 70 × CMY 30

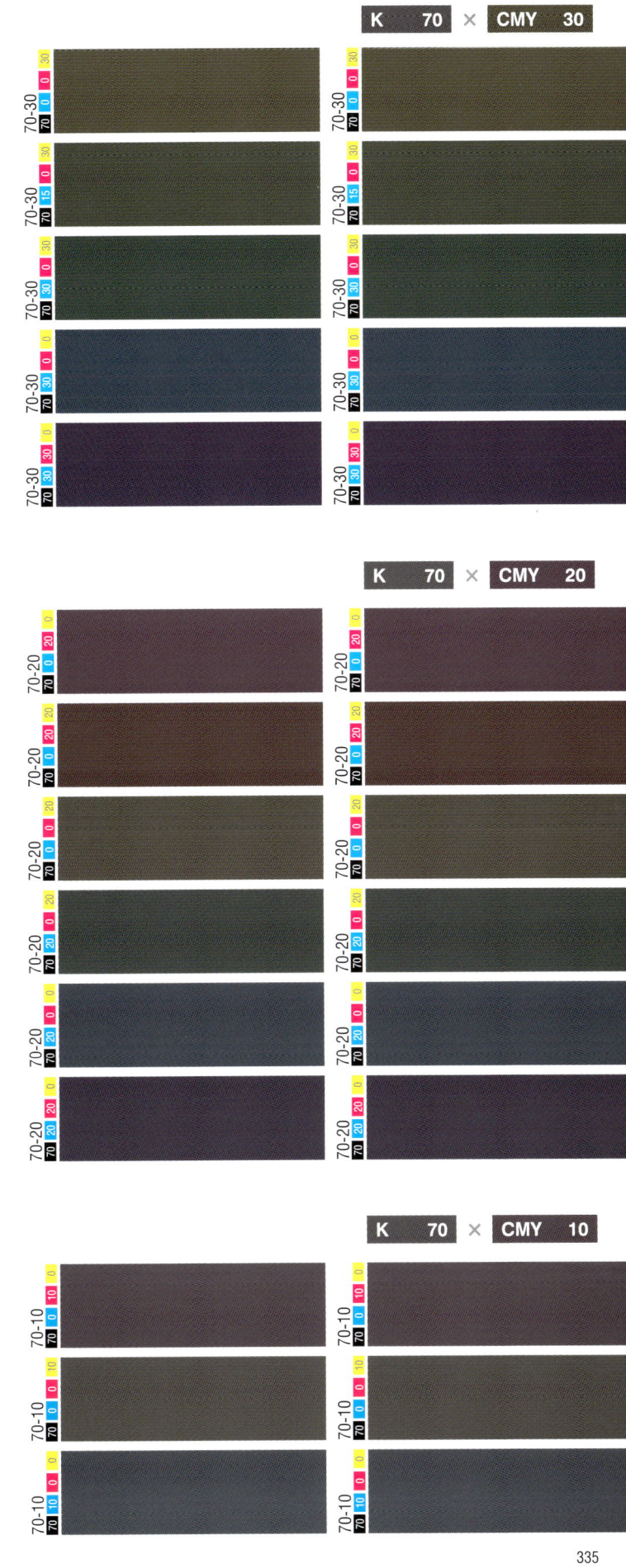

K 70 × CMY 20

K 70 × CMY 10

K 80 × CMY 100

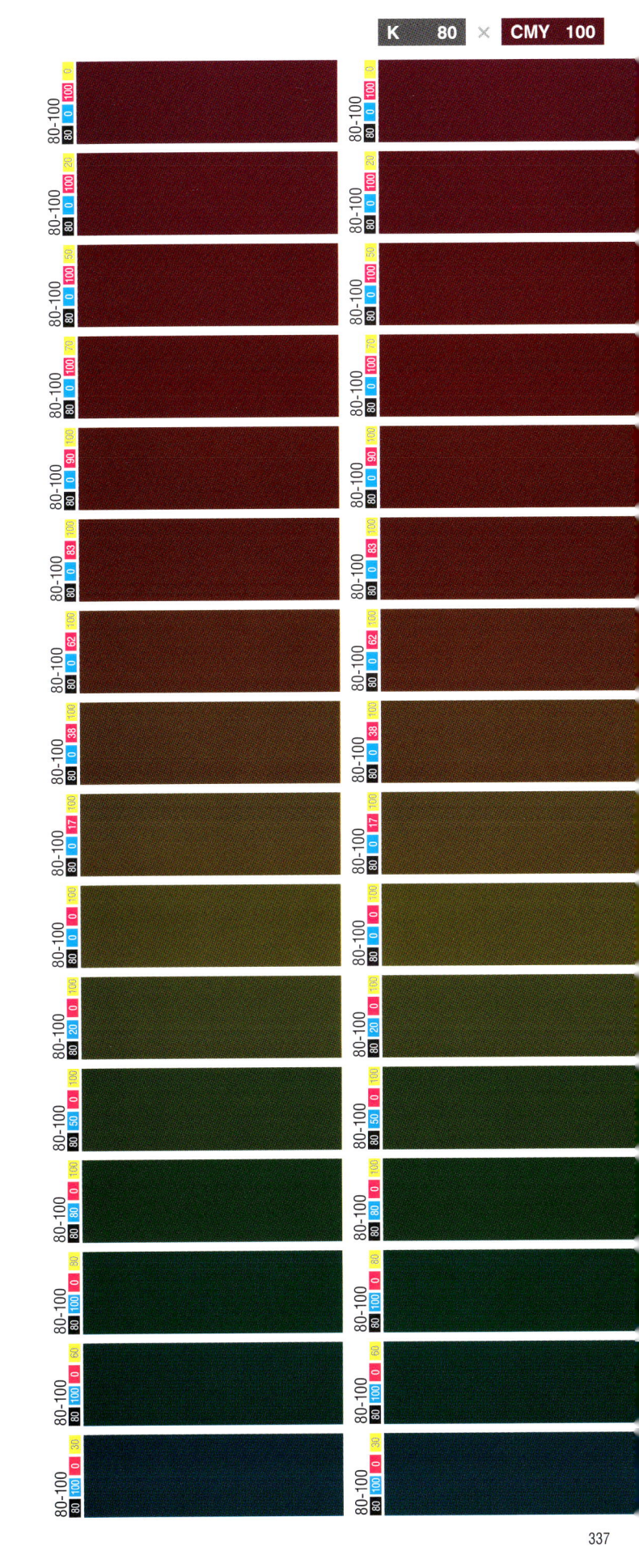

K 80 × CMY 100

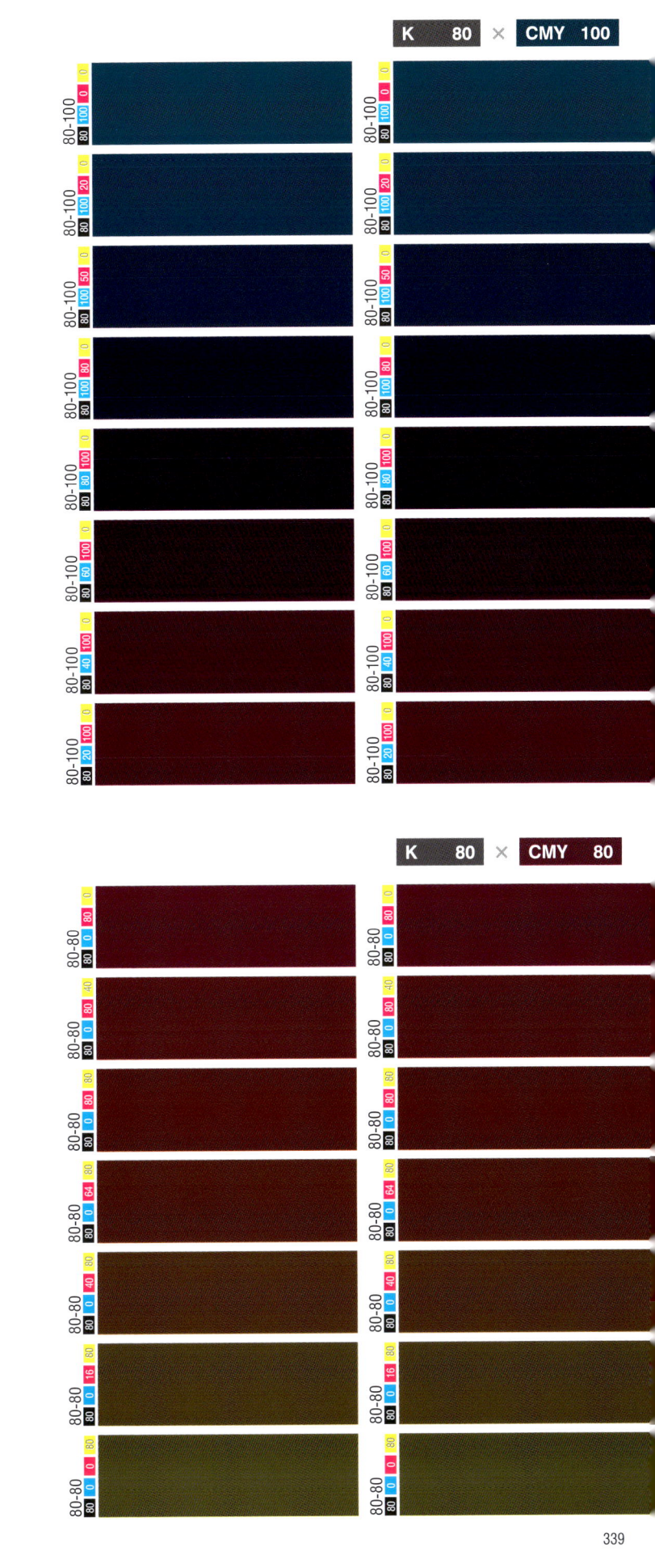

K 80 × CMY 80

339

K 80 × CMY 80

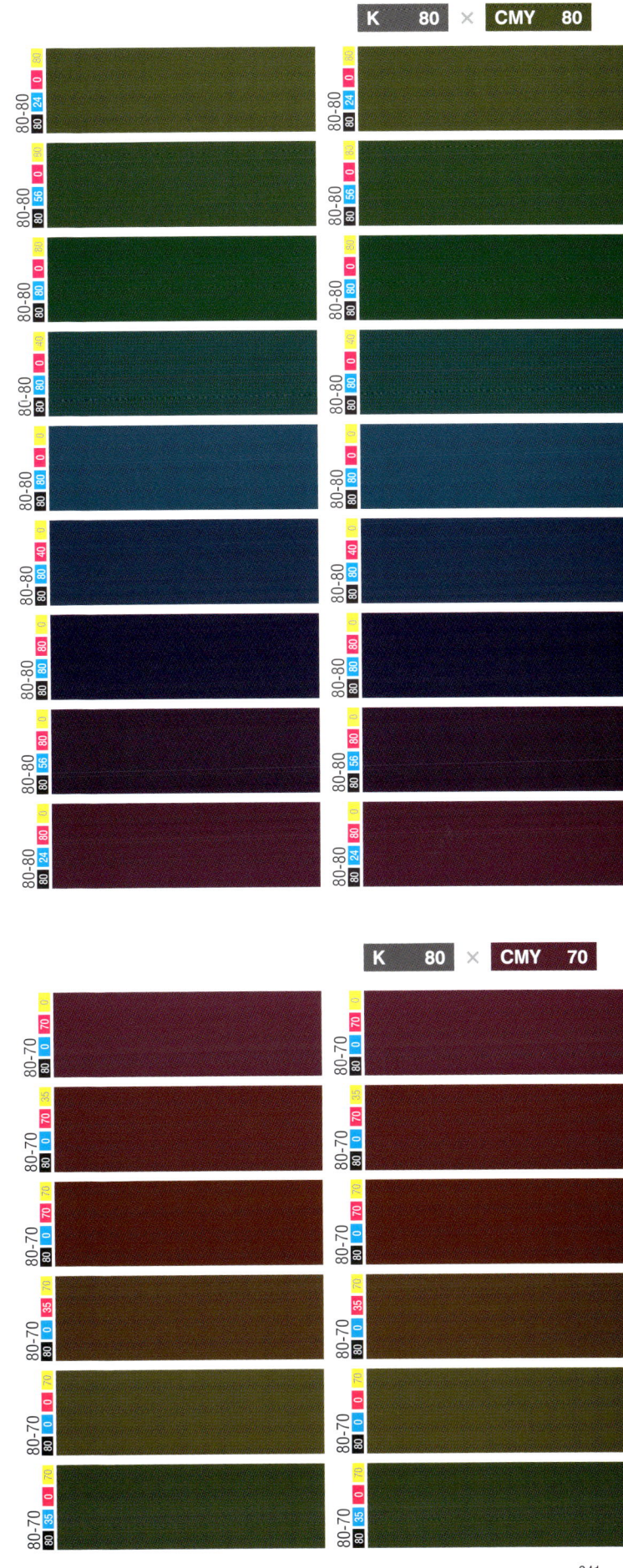

K 80 × CMY 70

K 80 × CMY 70

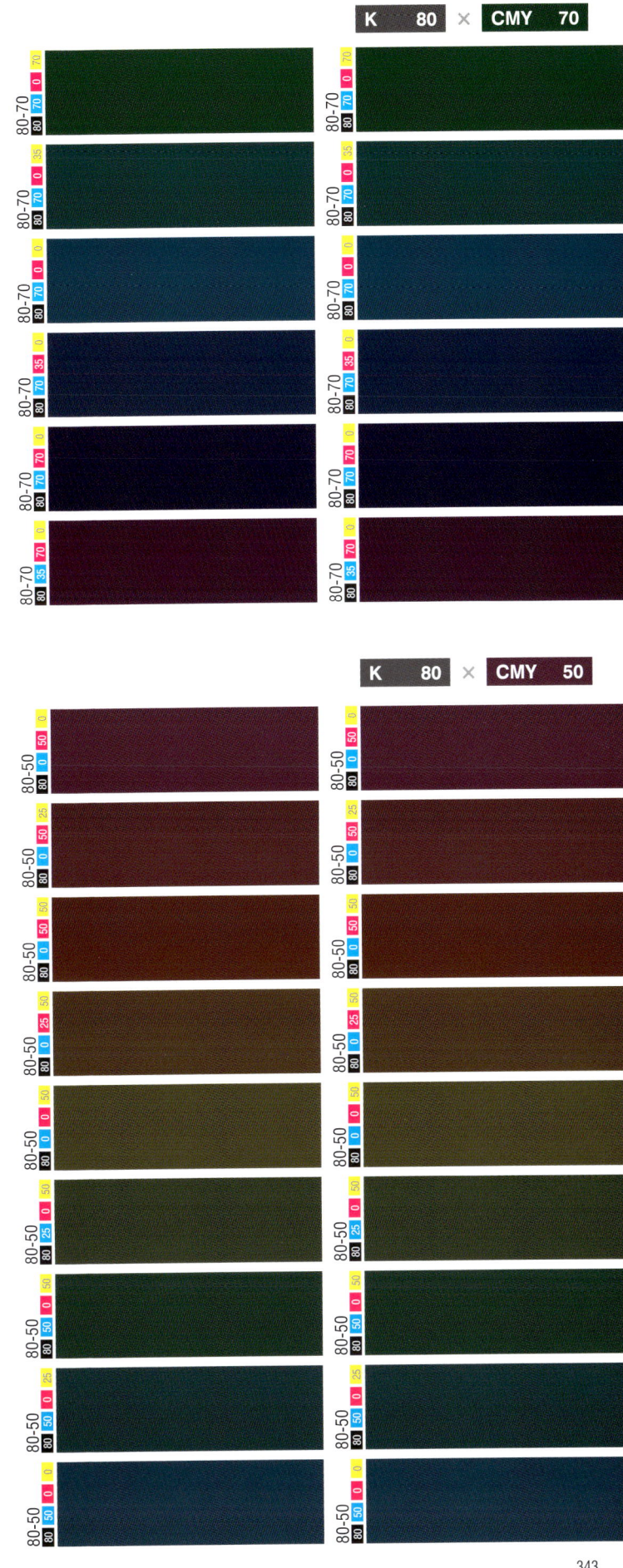

K 80 × CMY 50

K 80 × CMY 50

K 80 × CMY 30

K 80 × CMY 10

345

K 90 × CMY 100

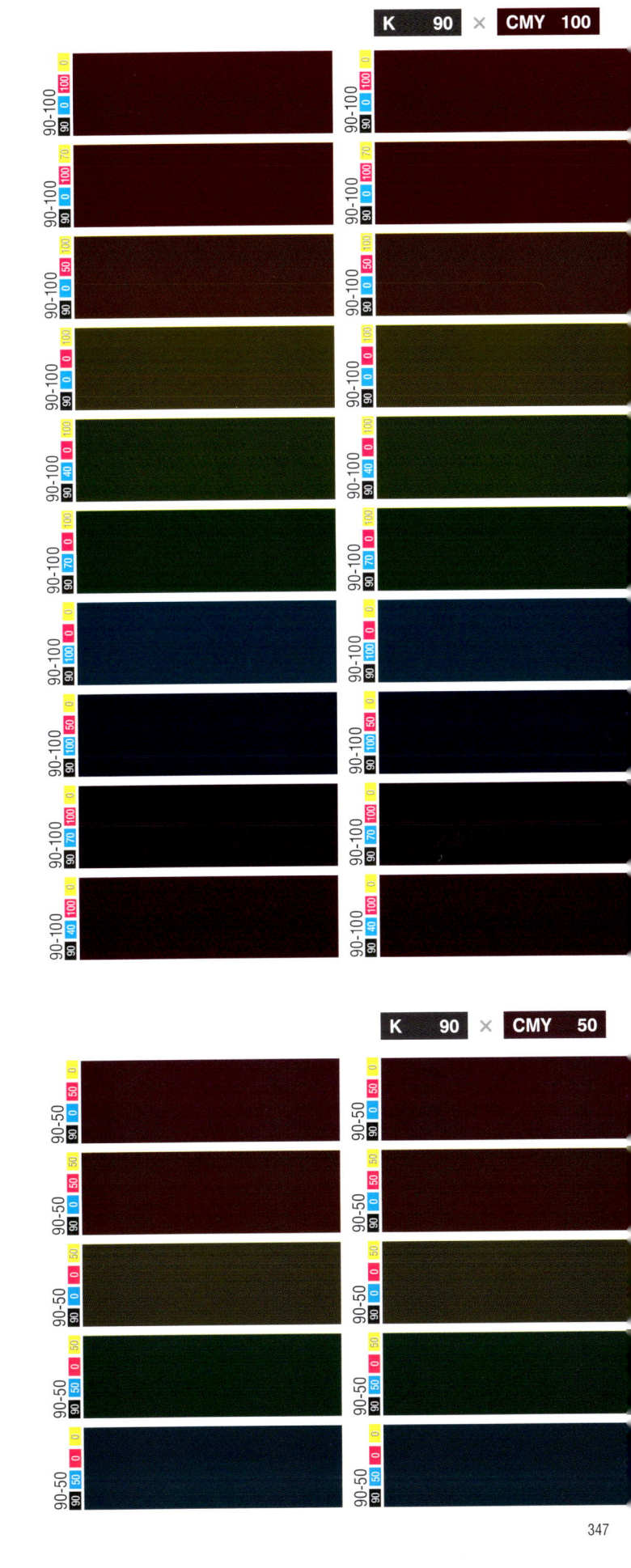

K 90 × CMY 50

K 90 × CMY 50

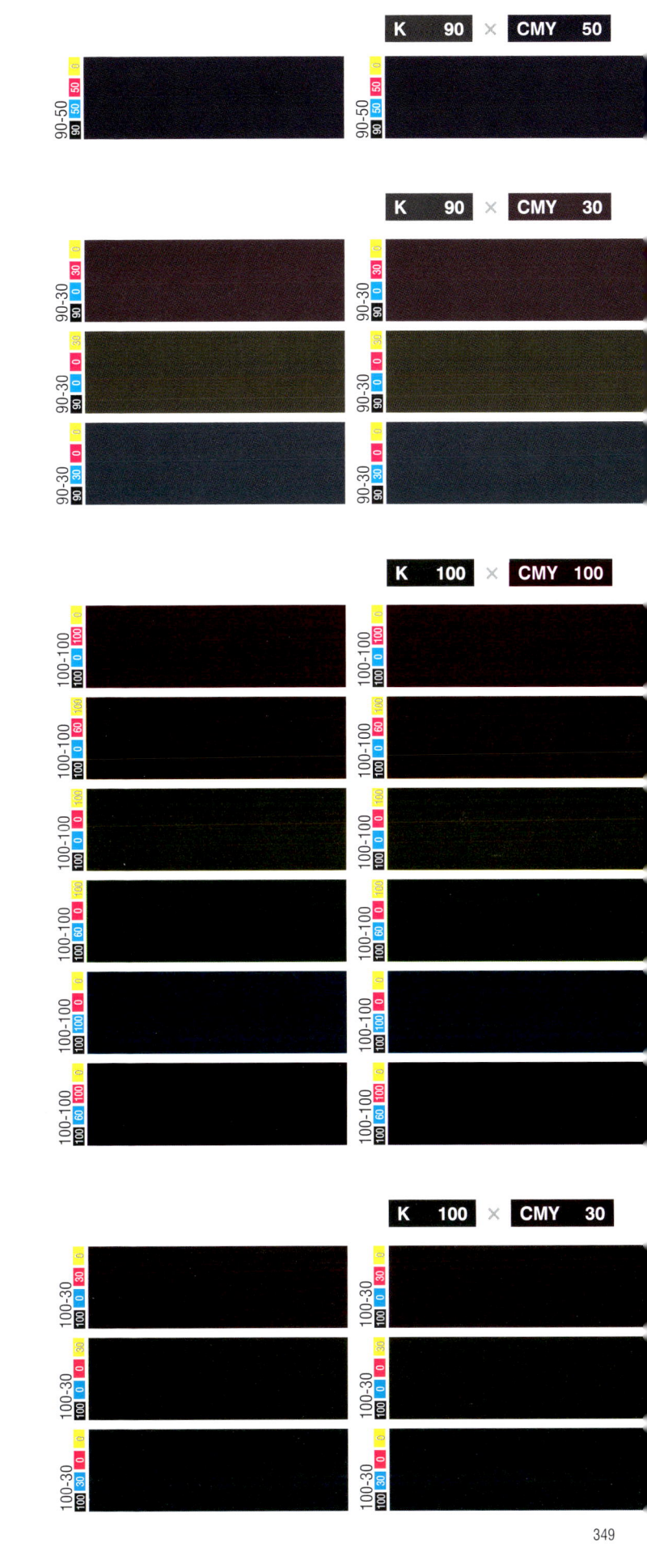

K 90 × CMY 30

K 100 × CMY 100

K 100 × CMY 30

K

351

353

355

357

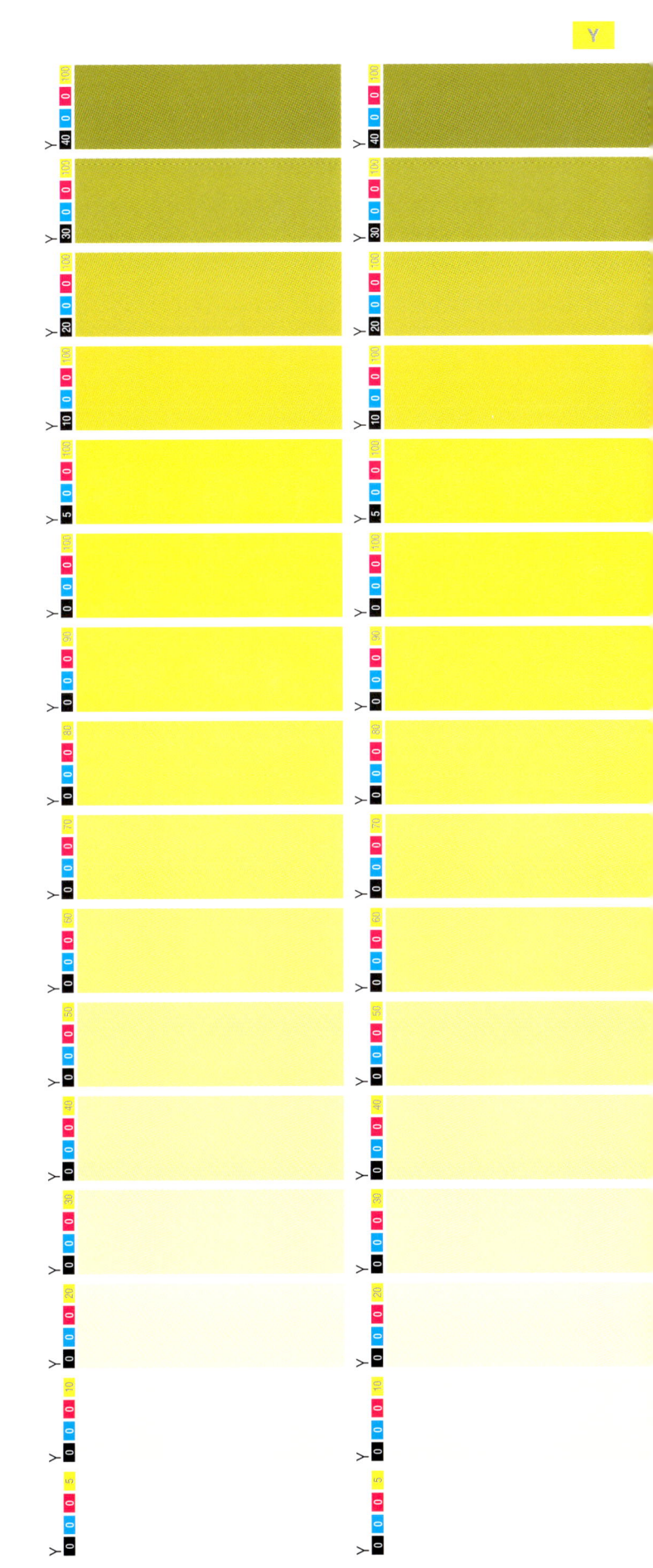

トーン差の効果

同じトーンで配色すると、どんな組み合わせでも破綻がなく、安定した穏やかな色彩調和が得られます。一方、トーン差を大きくすればするほど、個性や主張が強まります。eのようにもっとも離れたトーンの組み合わせは強い印象になりますが、半面違和感も生まれやすく、バランスを取るのが難しい。標準的なトーン差はc. 中差で、ほどよく積極的でかつ落ち着きもあり、組み合わせもしやすい。

a. 同一のトーン　もっとも穏やかで上品な組み合わせ

b. 小差のトーン　穏やかで、少し変化のある組み合わせ

c. 中差のトーン　もっとも標準的で、バランスのとれた組み合わせ

d. 大差のトーン　力強く、はっきりした組み合わせ

e. 遠いトーン　かなり強い、バランスの取りにくい組み合わせ

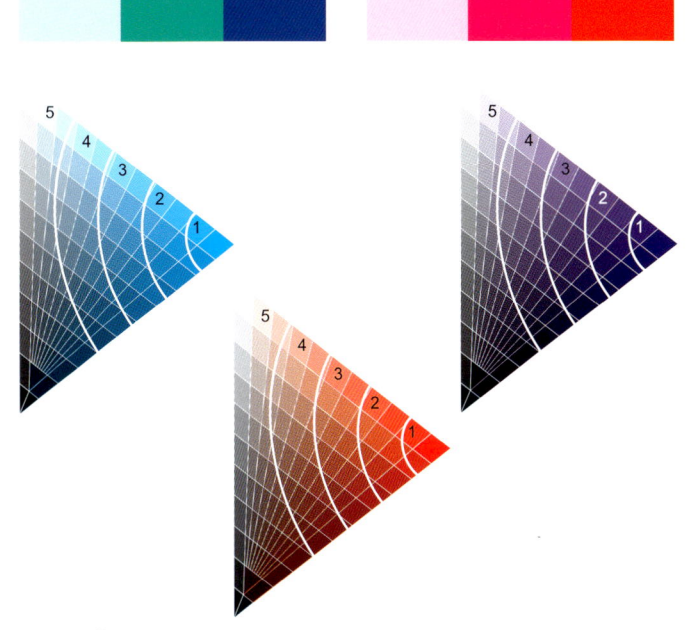

トーン差の関係

近いトーンと組み合わせると、上品で穏やかな配色になり、離れたトーンは主張がはっきりするが、組み合わせによってはバランスが崩れやすい。

■編集後記

最近10年の間に、印刷で色見本をつくることがすっかり自由になった。コンピュータの発達で製版のしくみが一変し、CMYKの濃度を1％単位で指定できるようになったからだ。かつては10％単位だったのに、今は微妙で美しい色みが簡単に出せるようになった。
この見本帳の色票も、使いやすくて充分な2800色になって発行でき、ジャパンカラーの発達が頼もしい。

（企画　内田広由紀）

自分がこの仕事に就いてから約10年。その間制作に使ったパソコンは現在4台目。写植からDTPへの移行という大きな事件の後も、本づくりの環境はどんどん変化していく。フォントの種類、フィルム原稿からデジカメデータへの移行。カラーでカンプ出しして、おまけに色指定のチェックはデータのまま社外にお願いできる…。すごい。
しかし買い替えたパソコンは4台目。

（編集部制作担当　柳田寛之）

カラーチャート2800

発　行	平成18年(2006)3月1日　第1版
著　者	視覚デザイン研究所・編集室　　編集人　早坂優子
発行所	株式会社視覚デザイン研究所　　発行人　内田広由紀
	〒101-0051　東京都千代田区神田神保町1-36吉野ビル
	TEL 03-5280-1067(代)　FAX 03-5280-1069　振替／00120-0-39478
協　力	光村印刷株式会社　　製　本　株式会社難波製本
スタッフ	池上薫　上田亜紀　國末拓史　坂井聡一郎　曽我隆一

ISBN4-88108-189-6 C0072